屏安心 環保經

屏東慈濟 環保教育站的故事

屏東人文真善美志工 ◎著

最美的手
守護大地

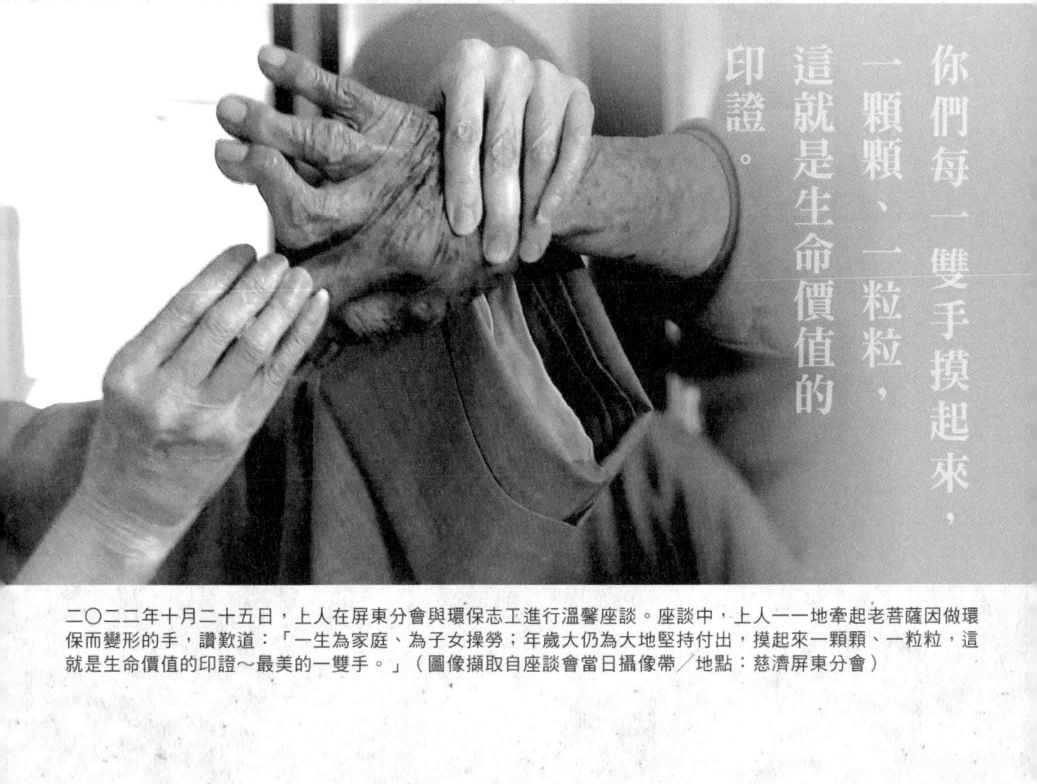
你們每一雙手摸起來，
一顆顆、一粒粒，
這就是生命價值的
印證。

二〇二二年十月二十五日，上人在屏東分會與環保志工進行溫馨座談。座談中，上人一一地牽起老菩薩因做環保而變形的手，讚歎道：「一生為家庭、為子女操勞；年歲大仍為大地堅持付出，摸起來一顆顆、一粒粒，這就是生命價值的印證～最美的一雙手。」（圖像擷取自座談會當日攝像帶／地點：慈濟屏東分會）

證嚴上人開示

最美的手 守護大地

臺灣，真是有福的地方，每天都有這麼多的環保菩薩，辛苦地做資源回收與分類，大家既是為了保護地球環境，也同時在保護地球上所有的眾生；因為眾生依賴地球資源而生存，若在此時任意耗用資源、破壞環境，很快就會讓地球上的生物無法生存。

二〇二二年十月，我行腳到屏東和當地的環保菩薩溫馨座談，見到了好幾位超過九十歲的老菩薩。我將他們的雙手牽起來看，牽起來摸，每一雙手都做到彎曲變形。這雙手曾經為家庭、為子女操勞，此時為了把回收的東西詳細分類，塑膠歸塑膠、鐵絲歸鐵絲，這樣割、這樣拆……

我摸著他們的手，跟他們說：「我都覺得自己沒有做，所以手沒有像你們那樣的美，每雙手上的繭、突起的骨頭，摸起來一顆顆、一粒粒，這就是生命價值的印證。你們都是為人間社會做，為保護地球而做，你們的生命很有價值。所以，你們不要說孤單，因為師父跟你們作伴，而且有這麼多菩薩跟你們一起做。」

還記得二〇二〇年的時候，屏東慈濟人透過網路視訊，帶著我「走到」車城、佳冬、恆春等，還搭船到小琉球，每一個環保站都有許多菩薩在做資源回收。沒有固定空間，因為環保站土地尋覓不易，經常一處換過一處，道路旁、天橋下……但無論環境大小、好壞，大家都能集合在一起，定心做分類。

在恆春，因為推動觀光，湧入大量遊客，也帶來了滿地的垃圾，汙染了純淨的海灘。而慈濟人提起菩薩使命與信心，（王）伯蓮從二十幾年前開始在自家旁邊的小空地做回收分類，剛開始人數少，慢慢地向鄉親推廣。空地被地主收回後，感恩有菩薩提供土地作為環保道場，才有辦法繼續帶動地方上的鄉親一起投入。

同樣是二十幾年前，慈濟人將環保理念帶到小琉球，號召鄉親一起做回收。守護故鄉的心念，感動了船公司老闆，願意不收運費，用船隻將回收物運送到臺灣本島；老船東退休後，再由兒子接手。志工無私付出，船公司以愛護持，都是出於一分真誠的愛心，珍惜資源。

不過，相對於全臺灣、全世界，慈濟人所做的只是很小的一部分。除了靠志工宣導環保，更需要政府的支持，民間與政府兩相配合，才能有顯著的成效。例如屏東市政府曾經與慈濟合作推行夜間環保，由鄰里長向家家戶戶宣導，慈濟人搭配市府環保車收垃圾時間，在定點教導民眾做分類，用貼近生活的方式對大家講環保道理；大部分民眾都能接受，也願意力行，就是人與人之間善循環的見證。

各位菩薩，好事好人做，好人做好事；好事、對的事，做就對了！假如天下人都有這樣的觀念，人心安定，大地就平安。

雖然大家很多都已經白髮蒼蒼，但是我們不要認老，人人都是環保菩薩，分分秒秒都在為守護地球而付出。大家的身行，就是對人間最好的教育與帶動，因為我們天天在做的事，是天底下人最需要，卻很多人都做不到的。我們將環境照顧好，子孫才能平安在此生活，我們自己下輩子再來時，也能在物資豐富的好環境裡安心生活。

推薦序

慈悲永續在屏東蔓延

撰文◎潘孟安（屏東縣縣長）

生機盎然的生態體系，必須依靠資源永續的循環系統來滋養，才能讓個體生命、群體生活、跨物種生態看似各自發展，卻是彼此依存。而屏東環保志業組織，就是支撐屏東縣永續發展非常重要的架構組織。

屏東與慈濟環保志工的因緣，來自於眾所敬愛的證嚴上人；另外，今年已九十七歲的蔡黃素琴女士，更是在一九九〇年開啟屏東的環保志業，為屏東第一位慈濟環保志工。像蔡黃素琴女士這樣的身體力行，就是屏東珍貴的縣寶菩薩。之後愈來愈多和蔡黃素琴女士一樣的菩薩，由自宅回收點開始環保善行，也進而影響了社區的集體志心行動。

一九九三年五月三十日，在屏東文化中心辦理屏東第一場大型的環保回收行動，將環保愛護地球的理念藉由活動形式向大眾宣導，也是屏東慈濟社區環保的初始組織，為屏東點亮更多環保光明燈。

這本屏東環保教育專書彙集了屏東縣二十四個慈濟社區環保道場的資料，這些道場陪伴著屏東縣民度過許許多多風雨天災，也和屏東縣政府攜手，為屏東的永續發展一起努力，寫下一篇篇溫馨感人的故事。

除了動手做環保之外，社區環保道場也是環保教育的重要學堂，對於縣民環保知識、技能、態度及價值觀的提升有很大助益，也感動更多人一起致力於屏東縣的環境永續發展。

在二〇二二年九月公布的「二〇二一年度縣市政府永續環境施政表現評量」中，屏東縣再度榮獲最高等A級（優級）肯定，是全國唯一非六都連續三年摘得這項最高殊榮的縣市；這個殊榮最重要的力量之一，就是這二十四個慈濟社區環保道場，還有眾多縣民齊心努力的結果。我們相信，環保永續就是屏東邁向健康幸福的康莊大道。

潘孟安

推薦序

打造健康屏東環保城市

撰文◎程清水（屏東市代理市長）

屏東，是臺灣最南端的城市，更是一個美麗的所在。持續維護屏東市區的整潔，就是把這一道最美麗的風景，長久深植在所有屏東市民的居住環境中。

資源回收工作本是耗時耗力、利潤微薄的事業，多年來，感謝慈濟將環保工作與慈善事業結合，從大地環保到心靈環保都悉心照拂；透過垃圾減量、回收資源再利用，讓惜福、做環保的精神在每個人心中深植，扎根在屏東市的每個角落。

二〇一四年三月十七日，屏東市與慈濟合作，領全國之先，實施了

「清淨在源頭——定時定點資源回收」的措施。藉助當時慈濟推動環保工作二十年的經驗，由志工配合著鄰里長，在各社區對民眾宣導垃圾分類、資源回收的觀念。一段期間之後，許多民眾慢慢學會先在家分類，將回收物拿到定點，不僅落實了回收再利用，也「清淨在源頭」，減少了家戶垃圾量，為市公所節省了一大筆垃圾處理費用。

這也是一個十分重要的里程碑！公部門與非營利組織合作，與屏東市民一同攜手努力，打造環保的「健康宜居城市」，締造知福、惜福、幸福的城市，發揚屏東市美好的風土人文！

未來，屏東市也將持續戮力經營環保回收工作，延續並推廣證嚴上人的環保理念之外，也將不斷精進，透過循環再生發現物品的新生命，一起為我們的土地盡一分心力，共創臺灣循環經濟。

程清水

前言

屏東環保志業發展略述

撰文◎黃湘卉

自從一九九〇年八月二十三日，證嚴上人應「吳尊賢文教公益基金會」之邀演講，在臺中市新民商工公開呼籲「用鼓掌的雙手做環保」，蔡黃素琴從一九九〇年年底開始，就在自家門口做起資源回收的工作。街坊鄰居見她用心付出，紛紛拿回收物給她並協助分類，再用車載去賣，把錢捐給慈濟慈善助人

現已年屆九十七歲的蔡黃素琴，正是屏東的第一位環保志工。那時她想，自己既不識字也不會騎車，就來做環保好了。屏東環保志業從一個人一雙手開始扎根，而後時間輾轉來到一九九三年。慈誠中隊長胡進義師兄

帶隊，到臺中聽上人開示，回程中有人提到：「上人說要帶動環保，屏東都沒動。」當下眾人便決議，以茶會及大型回收來帶動環保志業。

一九九三年五月三十日，屏東文化中心舉辦了第一場大型環保回收，將做環保愛護地球的理念，正式向社區會眾宣導；屏東環保從此由志工個人自發性的行為，轉而為慈濟社區組隊戮力的環保志業。

然而，早期慈濟委員的組織模式，是以各個慈濟委員透過人脈介紹於慈濟，委員分布區域廣闊，力有未逮；加上屏東環保風氣未開，做環保被當地人視為「撿垃圾」，是窮苦人才做的事，因此屏東環保志業的推展是緩步的成長。

• 由自宅回收點開始　進而影響社區

一九九六年七八月，賀伯颱風重襲臺灣，凸顯土地濫墾危機。上人呼籲志工落實社區，將委員依居住地分組，縮小地域並推動社區關懷。

自一九九七年開始，上人毅然改變型態，推展「社區化」志工編組方式，重新整編慈濟委員和慈誠，讓厝邊鄰里得到及時關懷，帶動鄉親加入志工行列，一起投入掃街、資源回收、關懷老人、照料貧戶，同時舉辦婦女成長班、親子成長班、或是健康照顧、茶會活動、愛灑人間等，以凝聚社區民眾的感情。

國土危脆，一九九九年的「九二一大地震」雖然震盪出臺灣空前慘烈的災情，卻也激盪出人們最沸騰無私的同胞愛。尤其慈濟因為過去國際賑災累積的經驗，為了讓無家可歸的災民們，不致在寒冬將至之際仍僅以帳棚棲身，迅速採購組合屋建材動工搭建完成，讓災民在同年十二月就能入住，安心生活。

搶晴天戰雨天，慈濟為了讓災民早日住進組合屋，動員全臺眾多具有建築工事專業及熱心的志工投入組建工作；教育不能等，同時間慈濟也援建了五十一所學校希望工程。就此一「九二一大地震」的大因緣，慈濟全力把志業重心放在重建希望工程上。

這一大因緣造就了一批建築工事的志工，也湧出一群願意為社會付出的善良志工。兩三年後，當這批可拆解亦可重組的組合屋完成階段性任務，慈濟決議依各區志業發展的需求，由志工將閒置的組合屋拆回，以「社區道場」的面貌再生，繼續發揮物命。

・因應新的組織架構　社區環保站迅速發展

屏東參與「九二一大地震」希望工程的志工回歸社區後，就投入社區環保站，利用建築工事的專長，於二〇〇三年將組合屋第一座重現在內埔環保站，從此環保站有了遮風避雨的場所。

而慈濟經過三十多年的發展，成員人數快速增加。上人再於二〇〇四年提出新的組織架構——「立體琉璃同心圓．四法四門四合一」，逐步建構起慈濟志工組隊之現況。

「合心、和氣、互愛、協力」四合一的組織架構，打破原本以組長、隊長為主導的模式，期待慈濟人在和氣互愛的互動中，人人都能合心傳承慈濟精神與法髓，協力付出大愛、攜手同行菩薩道。

隨著新的組織架構順利運作，這時的社區環保站，才可說是由個人自發性的作為轉變為社區協力運作的社區道場，負責接引社區志工；順此因緣，各社區環保站就如雨後春筍般，迅速成立啟用發揮影響力，招呼社區會眾，共善造福。

•八八風災慈濟提供熱食　災民報恩投入環保回收

發生於二〇〇九年八月的八八風災，又稱莫拉克颱風，是臺灣自一九五九年八七水災以來最嚴重的水患；屏東沿海鄉鎮於八月八日經過一夜風雨肆虐，九日清晨一覺醒來，水竟然已經淹一層樓高，尤其以佳冬、萬丹、林邊、枋寮等鄉鎮更為嚴重，居民都跑到屋頂等待救援。

林邊臨出海口，堤防潰決，淤泥衝進民宅數日不見消退，災民只能在屋頂上等待救援，有人餓了二天，吃到的第一份熱食是慈濟所給予的，甚至感動地哭了。另一方面，慈濟發起北區慈誠隊志工「一日志工行」，自備清掃用具，早上從臺北搭高鐵出發，到災區協助清除淤泥，晚上再搭高鐵回臺北。

慈誠隊的聚力，如此地謙恭尊重他人。泥土一桶一桶搬運，整天下來其實是很疲累的；當慈誠隊要離開時，主人送到門口，慈誠隊還回頭向著主人行九十度鞠躬，彎腰感恩；是這種真誠的心，組成了很美的團隊，過去未曾見過，從有慈濟，慈誠隊、委員這樣的團體組成起來，人人付出無所求且感恩，實在令人感動。

上人也曾開示：「人人付出點滴的愛，啟發愛心，調和人心，才能調和天地，這種循環很重要。」

災民家的淤泥很快就清除了，街道恢復原貌，災民也重新振作起來邁向新生活。災民感念慈濟的恩情，有人走入環保站付出良能，有人在家整理回收物等待環保車來載運；萬丹鄉的後村、灣內更由村長廣播於廟埕前，眾人齊做回收，讓環保車載回環保站。

・與公部門合作夜間環保 環保是家戶之事

冬去春來，時序更迭。環保做出口碑，在二〇一四年三月，慈濟與有二十萬人口的屏東市，創下政府公部門與民間非營利組織、個體資源回收者合作「定時定點資源回收」的環保新紀錄。

首創全臺資源回收新模式——慈濟與屏東市公所合作「定時定點資源

回收」，讓全市市民成為動手分類的一分子，一百餘個臨時環保點出現在大路邊、宮廟旁，接收乾乾淨淨的瓶瓶罐罐，環保就成為家家戶戶的事。

「環保回收要落實，不只是市公所和慈濟的事，而是人人、家家、戶戶的事！」

與會的志工黃麗香勸請市公所主管帶動全民一起投入，彼此才能以有限的人力、物力實踐清淨家園的理想，雙方逐漸研擬出「清淨在源頭，定時定點資源回收」的構想。

市公所負責協調各鄰里，找尋合適的臨時回收點，並出借回收籃等公物；慈濟人則把定點的回收物載回環保站，並清理現場，最後清潔隊再把所有回收籃收回淨空。志工做回收之外，也要對民眾解說如何將資源分類回收，負起環保教育的責任。

負責宣導的志工郭宜彰比喻，民眾把回收物放進籃子裡，就生起愛護大地的第一個善念；清淨在源頭，把回收物整理乾淨，別讓環保站的老菩薩面對穢物蟲蠅，就是第二個善；而送出去的回收物變賣之後，所得用來做好事，即為第三個善。所以做回收，可以生起三個善念喔！

‧推動環保種子講師 環保志業快速成長

屏東環保合心幹事謝美玉師姊於二〇一一年接任該職務，在這之前，她累積多年的行政經驗；初接職務時，因為對環保事務不熟悉，她努力去了解所有環保事項。又逢慈濟基金會宗教處環保組在同年提出全省「慈濟環境教育師資培育研習會」，她報名參加回花蓮上課，了解緣由。

一趟花蓮研習行，讓謝美玉了解宣導環保理念的重要，她思索上臺講授課程是教師的專長，找來教師聯誼會的幾位老師，報名參加隔年（二〇一二年）花蓮的研習會，謝美玉全程陪伴教師，關懷教師的需求。

二〇一七年，上人在屏東歲末祝福感恩會中期勉年長的環保志工，因應社會上愈來愈多長者罹患失智症，上人鼓勵大家不要受到年齡的限制，認為自己已經年老沒有用，而是要在心態上超愈年齡，以實際行動繼續投入環保，預防失智。

「慈濟人救苦救難，是人間菩薩；環保志工守護大地，是草根菩薩。帶動、凝聚鄉親愛心力量，就能讓地方更平安！」上人開示並期許大家，落實社區環保，讓長輩到環保道場健康生活、豐富生命。

1
高樹
5
4
里港
2
3
九如
3
鹽埔鄉
長治鄉
6
9
屏東市
8
內埔鄉
3
7
內埔
萬丹
萬丹鄉
竹田鄉
11
萬巒鄉
12
屏東縣
14
3
22
13
10
新園鄉
崁頂鄉
潮州鎮
23
16
15
南州鄉
3
新埤鄉
東港
18
佳冬鄉
20
枋寮鄉
19
24
車城
21
恆春

1. 高樹環保站
2. 鹽埔環保站
3. 鹽埔新圍環保教育站
4. 里港環保站
5. 九如環保站
6. 屏東環保教育站
7. 竹田環保站
8. 內埔環保站
9. 內埔大新環保站
10. 潮州八老爺環保站
11. 萬巒佳佐環保站
12. 萬丹興化廊共修點
13. 潮州聯絡處環保站
14. 新園環保站
15. 東港聯絡處環保站
16. 東港烏龍環保站
17. 小琉球環保站
18. 林邊環保站
19. 枋寮環保站
20. 佳冬環保站
21. 恆春環保站
22. 泗林環保站
23. 飼潭環保站
24. 車城環保站

屏東環保站特色簡介

環保站名稱	環保站特色
屏東環保教育站	● 信人有愛，楊碧雲、黃朝進、林裕鉦三人，年少不懂事，做了許多荒唐事，被慈濟回收後，轉念做環保，做利益人群的事。 ● 成立舊衣區及惜福屋，隨時提供訪視組及弱勢團體，物盡其用。
新園環保站	● 張吳月掛因兒子嚴重車禍，體會生命無常，捐地成立環保站植福。 ● 許伯仲在環保站拆解與組裝腳踏車，自拆自組，讓不起眼舊物重獲新生。
內埔大新環保站	● 成美園是王繼平為紀念雙親王少成與張招美而取名，為報答親恩，提供環保站使用的屋舍。 ● 關懷貧苦弱勢家庭，你的苦有我來陪伴，成立菩薩之家庇護。

竹田環保站

- 塑膠袋燃燒會產生有毒物質，所以塑膠袋的回收極為重要。
- 環保一定要做，徐鳳英單純一念心，開啟環保情。

枋寮環保站

- 陳素雲認為做環保是最直接造福的，就向父親陳順益提議，把住家旁土地拿來作為環保站使用。
- 陳順益以捕魚為生，在陳素雲影響下，茹素長養慈悲心，做環保，動腦動手，身體健康。

餉潭環保站

- 環保站是社區道場，潘彩月站長發心守護環保站，凝聚鄉親善念，同耕福田護大地。

林邊環保站

- 林世美為實踐父親林守的行善理念，無償出借土地，造就了林邊環保站。
- 患難見真情，蔡秋山與楊麗花感恩志工於八八風災後主動前來清掃淤泥，投入香積志工煮熱食與志工結善緣。

小琉球環保站

- 每日都有成千上萬的遊客湧入小島，回收量相當可觀，志工守護環境的使命。
- 陳壽山、許玉政、洪大華三人是以前一起喝酒的好兄弟，現在一起做環保，愛護地球。

里港環保站

- 保護水資源，環保站建置雨水回收系統，省水又省電。

內埔環保站

- 古文香疼惜妹妹古美貞做環保的辛苦，將祖產檳榔園及豬舍的土地捐出，提供環保使用。
- 勤奮的古美貞，帶動姊姊古富貞、母親林水蘭及一群社區志工做環保，也包粽子義賣捐助疫苗，讓長輩在環保道場健康生活。

九如環保站

- 許金柱、許美雪、許美蓮、許美杏四兄妹提供自家毛豆場成立洽興環保站，是九如環保站的前身。
- 環保站有一棵老茄冬樹，高聳入雲約一百五十歲，枝葉茂盛，在大樹下做環保格外涼爽。

佳冬環保站

- 成立屏東縣第一個樂齡學堂，藉由活動讓長者動一動，也學習讓身體更加健康。
- 我需要你的力，你需要我的口，患有輕度智能障礙的邱瑞堂，在環保站張桂櫻的陪伴下，發揮潛力，學習錄影，為慈濟留史。

鹽埔環保站

● 陳寶任在他家地磅旁的空地，將回收物放置於檨樹下，就成了鹽埔鄉最簡約的環保站。
● 大樹下，志工每日都很早就來做環保，一邊乘涼、聊天，一邊聽聽上人的法，感覺內心無比歡喜。

東港烏龍環保站

● 洪正雄將魚塭捐作環保站，護生不殺生，環保尖兵老而彌堅。
● 郭桂美學習製作環保酵素，減少廚餘，清潔功效大，酵素堆肥有機耕種，最佳土壤改良劑。

萬丹興化廍共修點

● 八八風災造成萬丹鄉十多村水淹到一樓高，慈濟人第一時間煮熱食，鄉民感受溫暖，紛紛將回收物給慈濟。
● 後村黃昌茂村長利用大廟埕場地，廣播村民將回收物拿來給慈濟。

恆春環保站

● 春天吶喊音樂藝術祭，志工用行動邀約大家由我做起，資源分類，一起守護幸福南國。

車城環保站

● 車城環保站原本是張玉枝家的豬舍，它的柱子及圍牆都是由紅磚建造的，充滿古早味，堪稱是屏東區最「迷你」的二人環保站。

鹽埔新圍環保教育站

- 「折翼天使」官佳仙為中度智能障礙者，就讀鹽埔國中特教班時，在老師的帶領下來到環保站實作，儘管靦腆不善言語，儘管動作緩慢，仍勤奮學習，終於二〇二一年受證為環保志工。

泗林環保站

- 陳麗香捐地做環保，一方面到校園宣導環保理念，一方面帶動學生至環保站實作體驗。
- 帶出一群退休教師在環保站付出生命良能，利用教育專長宣導環保理念。

東港聯絡處環保站

- 回溯東港環保路，沈貴女、張錦綿、郭桂美、張美貞等娘子軍足跡跑遍東港、新園、烏龍、南州、鎮安、林邊、佳冬等七個環保站回收點。
- 八八風災後，陳美香帶出一群環保志工，回收鎮內塑膠袋，用心分類，成為這群志工常年來的生活寄託。

高樹環保站

- 高樹農民在芭樂幼小時，都會用塑膠袋連同葉子及梗綁起來；但採收之後，這些袋子若是沒能好好回收，就演變成了嚴重的環境問題。
- 蔡瓊花、楊秀莉經過多年的實作，有效分類，解決廠商回收問題。

潮州聯絡處環保站

- 吳靜怡老師是環保種子講師，在長照據點提供預防及延緩失能照顧及健康固本訓練課程，提升長者健康養生。
- 吳靜怡到環保站帶動讀書會，修心養性，宣導環保教育。

潮州八老爺環保站

- 老人家可以在環保站付出，發現自己的生命價值，是社區長者最佳「聚」樂部。
- 范發勇站長以前簽六合彩，造成家庭不睦，在環保站拆解電器，努力延續物命，提高回收價格。

萬巒佳佐環保站

- 邁入高齡社會，相對失能的長輩也增多，慈濟成立環保輔具平臺減輕照顧者的負擔。
- 劉惠春家開機車行，耳濡目染，略懂機械維修常識，在環保站負責拆解電器，延長物命。

Contents
目錄

人之篇

親之篇

群之篇

草根菩薩，用鼓掌的手做環保

人

修身轉念環保經 以環保站為家

屏東環保教育站

三十多年前，屏東環保風氣未開，做環保被當地人視為「撿垃圾」，是窮苦人才做的事。自從一九九三年五月三十日志工在文化中心展開第一次大型環保回收後，環保就正式成為屏東志業的開端；當時，南區慈誠中隊長胡進義借用文化中心旁一處空地做環保，並訂定每月最後一週的星期日為回收日。

因附近居民不了解環保的重要，認為垃圾影響市容、多方抗議，回收場被迫搬遷；但也因回收場地四處遷來遷去，逐漸帶動起整個屏東的環保理念。直到二〇〇七年，志工利用「九二一大地震」組合屋拆卸下來的建材，於慈濟屏東分會前面空地搭建完成，屏東市從此有了自己的環保站，守護環保愛地球的理念。

・東山寺賑災發放　結識慈濟成環保第一人

憶及屏東市環保因緣，始因第一顆環保種子蔡黃素琴與證嚴上人的結緣。一九六四年，上人在基隆海會寺結夏安居，認識來自屏東的惟勵法師；一九七七年七月，賽洛瑪、薇拉颱風侵襲高屏，造成嚴重災情，上人透過惟勵法師幫忙，在屏東市東山寺舉行賑災發放。

蔡黃素琴今年已九十七歲，未加入慈濟前，她曾夢見上人；那是在賽洛瑪颱風過後不久，有一天，她夢見觀世音菩薩來到東山寺救災。數日後，她果真聽說東山寺有人在進行賑災發放，懷著一顆好奇心前往，身上並帶了二百元，心想若是真的在救災，便響應將錢捐出。

到東山寺一看，她很驚訝，眼前所見情境和她夢中如出一轍，有位法師端坐於中，親自主持發放。她看見那位法師親切地叮嚀一位老阿伯：「這些錢是要給你修補房子用的，可不要掉了喔！」關懷的態度如同對待自己家人般。後由旁人口中得知，這個團體是來自花蓮的慈濟功德會，而那位法師就是證嚴上人。

蔡黃素琴的慈濟緣，即來自於那場夢境。加入慈濟後，她一直謙稱自己凡事都不懂，既不會騎機車、又不認識字，雖然與慈濟結緣早，但卻遲遲不敢出任委員，反倒是推薦出好幾位委員。

時光飛逝，那年她做環保才六十四歲，一晃眼已三十三個年頭，真的是歲月不

一九九三年屏東文化中心的大型回收是屏東第一場大型環保宣導茶會。（照片提供／陳麗英）

饒人。

上人教導「把握當下，分秒不空過。」蔡黃素琴於一九九〇年底在自家庭院做環保，資深師姊邱淑慈知道她正在做，便出面邀請洪清華與徐松增二位用小貨車協助載送去變賣。後來鄰居們看到她的付出而感動，自動前來幫忙分類，或載送回收物品去販賣，所得再捐助慈濟。

蔡黃素琴笑稱：「慈濟有『路邊董事長[1]』，而我希望做個『資源回收董事長』。」每天有慈濟事可做，使她笑口常開，成為她的快樂泉源。

•三鬼修行調心 甘願作人間菩薩

話說當年，在還沒進慈濟前，嗜賭如命的楊碧雲一心只想著賭博，常

1 《路邊董事長》是一部以描寫林永祥師兄的真實人生電視劇，全劇共四十六集，於二〇一〇年十二月在大愛電視《大愛劇場》時段播放。

蔡黃素琴（左一）於一九九〇年年底在自家門口做回收（攝影／張玉梅）

常賭到沒日沒夜，沒心思管孩子，還曾將痱子粉當作奶粉泡給小孩喝！

於二〇〇〇年，妹妹邀楊碧雲一起搭慈濟列車[2]回花蓮；二〇〇二年在因緣際會下，楊碧雲遇到黃秀蘭師姊帶她做慈善訪視。當她看到個案的狀況，內心頗受震撼！案主整個人彎曲成一個倒U型，極度辛苦，她也被驚嚇到了，想到自己因為賭輸了苦，而案家卻是承受身體跟環境的苦；反觀自己好手好腳，卻不好好做人。

走進慈濟後，楊碧雲徹底覺悟，也以同理心接引愛喝酒的黃朝進，以及受毒品所苦的林裕鉦，三人一起做志工。

楊碧雲笑稱他們三人是屏東分會環保站的「三鬼」——賭鬼、酒鬼、吸毒鬼，被慈濟回收再利用後，從此有了截然不同的生命價值。

成鬼或菩薩，有時就在一念間。二〇二一年二月上人行腳屏東，在慈濟人聯誼會開示提到，《地藏經》裡也有無毒鬼王，一念心轉，轉鬼為菩薩，後來修成財首菩薩。

黃朝進是一個老酒鬼，天天醉，醉到一個家庭亂七八糟。有一次黃朝進喝醉酒，意外把安眠藥當感冒藥吃，因此被送進加護病房。楊碧雲去探望他，叨念他騙人，明明說好要來做環保，又欺騙佛祖和上人；沒想到，他的手竟然動了一下。

2 慈濟列車：一九八九年慈濟護專創校開學典禮暨花蓮慈濟醫院三周年慶，為紓解超過兩萬的觀禮人潮，負責的委員向鐵路局提出專案申請，在鐵路局正常的發車時刻外，額外加開列車載送慈濟人前往觀禮。當時因車上所搭載的全是慈濟人，因此稱為「慈濟列車」。在該次慶典結束後，為了讓更多會員能有機會且順利地去花蓮參訪精舍及慈濟醫院、靜思堂、醫學院、護專，便陸續依規定向鐵路局申請。

屏東縣長潘孟安（左二）參觀環保創作攤位，對志工的手工藝品讚不絕口。（攝影／邱瑞連）

黃朝進的一條命，後來是被救回來了。之後，楊碧雲天天邀他做環保，對他說，「佛祖留你一條生命，是因為你還沒實現承諾。」黃朝進聽說連做環保都要遵守十戒，不禁推辭：「哎呦，要是我的酒戒不起來怎麼辦？」楊碧雲說，「可以的，因為上人說『假久會成真』。」果然，黃朝進就是印證了「假久成真」的那一位。

楊碧雲也常勉勵黃朝進，「要積德蔭子孫，行善轉命運。」人不怕做錯，只怕不改過，錯了就要面對改過，待人處事要大方，不要怕人議論。二〇〇九年八八風災時，黃朝進真的大展身手來做環保，且一直做到現在。退休後，他在環保站的拆卸區幫忙，每天從早上五點多做到下午四點多才回去。

•信人有愛 用愛緊緊箍住

過去曾吸毒的林裕鉦，於二〇〇六年假釋。他在屏東環保站認識楊碧雲，師姊載著他到各定點收環保回收物，有時訪視個案也會邀約他同行，讓他了解案家生活的辛苦。

楊碧雲的個性豪爽，經常把自己過去無知的人生故事與林裕鉦分享，兩人感情就像姊弟般。林裕鉦形容，碧雲師姊是一個很用心的人，要做的事一定會做到圓滿；因為深怕他走回頭路，真是把他看得緊緊的。

在環保站，楊碧雲只要一沒看到林裕鉦，就會四處找他，深怕他遇到不如意事或心情鬱悶，會再回頭去找那一群吸毒的朋友。林裕鉦明白楊碧雲的用心，他也承諾，一定不走回頭路，不讓碧雲師姊失望。

林裕鉦相當感恩上人創造慈濟世界，「回收我們這些不會做人的人進來慈濟，讓我們有機會做志工耕福田，增長慧命。」如今的林裕鉦承擔合心[3]環保幹事，用心在環保志業，每天下班後會到環保站巡頭看尾，讓人深刻感覺到他的願力。

「世間沒有改不了、戒不掉的惡習，只要下決心，加上善知識用心拉一把、助其一臂之力，再深的習氣都能斷除。」

這段話是上人殷勉眾人把握難得人

林裕鉦、黃朝進、楊碧雲（從左到右）等三人，人生曾經迷失過，在環保站找到生命的價值，努力付出。（攝影／戴敦仁）

身，斷惡修善。我們若有在讀《地藏經》，便知地獄那裡也有鬼王，原來鬼王也是菩薩；所以人生轉一個觀念，鬼也能修成菩薩。

‧回收舊衣　讓物盡其用

當年環保站最欠缺的，是會開車的志工，要到各回收點載回收，因此楊碧雲自二〇〇一年一頭栽入環保後，就先開車收回收。

後來，她發現環保站的衣服很多，許多物品還簇新就被丟棄，甚至許多未曾使用的衣物，僅是因為退流行了就被捨棄。剛好有廠商來問是否有舊衣可賣，於是她們在二〇〇五年七月成立舊衣區及惜福屋。

---

3 合心、和氣、互愛、協力：為慈濟組織架構名稱。二〇〇三年，慈濟經過三十多年的發展，成員人數快速增加，上人提出了新的組織架構——立體琉璃同心圓、四門四法四合一。四合一的組織架構，打破原本以組長、隊長為主導的模式，期待慈濟人在和氣互愛的互動中，人人都能合心傳承慈濟精神與法髓，協力付出大愛、攜手同行菩薩道。

回收的衣物都集中在舊衣區，經過清洗整理後的舊衣能與感恩戶[4]結緣惜福，像是八八風災時，小孩、孕婦的衣服都派上用場，連老人安養院都向他們要衣服，並且這些衣服隨時都可以支援慈濟訪視。

簇新或未拆封的衣服，就挑進惜福屋，志工及會眾都會來逛逛惜福隨喜，其他的舊衣都有固定廠商來購買還原再造。楊碧雲認為做好舊衣回收，就能減緩地球的汙染及全球暖化，不能讓地球再增加負擔了；能回收再利用的，都要盡全力來回收，物盡其用。

根據舊衣回收業者的觀察，臺灣每

楊碧雲將心力放在舊衣回收上，能回收再利用的，都要物盡其用。（攝影／戴敦仁）

年約丟七萬二千噸的舊衣，以每公斤三點二件換算，約為二億三千四十萬件舊衣，相當於每分鐘丟了四百三十八件。買「快時尚」錯了嗎？其實人人都可檢討反思，當你覺得衣櫥裡永遠少一件，究竟是真的「需要」，抑或只是「想要」填補人心欲望的不滿足。

楊碧雲謹記上人的教導，她體會做環保不是在乎錢，重點是要淨化地球，人人都與地球共生息，只要人人盡一點力量，地球就有救了。

•挨家挨戶回收資源 盡心護大地

「師兄，我們這邊放不下了，你要不要來載？」

4 感恩戶：指在生活中突遭變故、而需暫時接受慈濟濟助的人。上人說：「要感恩接受我們濟助的人，給我們機會行善。為什麼呢？我們常說：『好人做好事，好事好人做』，就是因為有人遭遇困難，我們才能有機會去幫助他們，才有辦法把握機會付出愛心，才能發揮救人、做好事的功能。所以，我們稱他們為『感恩戶』。」

「好！好！好！我過來。」

現任的屏東環保站長黃俊雄是四年前被選出來承擔的，他每日每日都這樣在載運回收，從未間斷。像在疫情期間，或是颳風下雨、盛夏寒冬的日子，時間一到他就出現，也沒聽他喊苦。

黃俊雄謙虛地表示：「大家都愛護地球啦，上人也都沒有休息，每天在講法來勉勵我們這些弟子；我們做這個沒有什麼啦，就是很小的力量集合起來，也是一個很大的力量，一定要把它完成，使命必達，就像黑暗中的螢火蟲，閃閃發光。」

黃俊雄承擔站長以後很忙碌，但做得很歡喜。原本他不想接受培訓，因緣際會遇到高雄的潘機利師兄，師兄講了一句，「見習後就要培訓受證，你們屏東的都做一半，只見習、不培訓。」是這句話的激勵，讓他決定接受培訓，進來好好了解慈濟，才真正了解慈濟所做的事都很有意義。

黃俊雄也坦誠，最困難的是少部分的人有人我是非；剛開始這種

「人」的問題讓他很頭疼，但他從大愛電視「人間菩提」中聽到上人的法，之後就會去溝通排除。

在黃俊雄眼中，環保站也是一個修行道場，他要努力維護好，有人講話大小聲，就提醒對方。在環保站從車輛到每一個區塊，黃俊雄都一一留意顧好，讓環保站一切運作更加順利流暢，讓志工們都能在這個「家」歡喜做環保。

自拆自組 讓不起眼舊物重獲新生

新園環保站

新園環保站是老房子再利用，家具也是回收而來，午餐的菜是志工從家裡的菜園摘來，香積志工負責煮飯；當大家工作告一段落，一起坐下來吃大鍋飯，就像個大家庭。

二〇〇六年上人造訪時，陳瑞蘭師姊曾介紹「固定班底」的志工行列中，有六、七位是在某家刺繡工廠從事「八仙綵刺繡工作」，手指觸覺靈敏度高於常人，上人欣言，各個環保站都有不同的特色，但是共同特色就是「愛」——是很赤誠、至誠的純真之愛。臺灣無以為寶，以善、以愛為寶；臺灣善良有愛的人很多，這分無私大愛不只是呵護地球，也照顧人類。

・貼心弟子 細說新園環保緣

歐金珠在一九九二年讀到一本《慈濟》月刊，當中有篇報導讓她記憶深刻，內容敘述一位寡婦與兒媳同住，因寡母過於無微不至地關愛兒子，致使媳婦心生不悅，認為婆婆與她搶丈夫，最後鬧到離婚；獨自在外的媳婦有一天接觸到上人的法，恍然大悟，心中悔恨，千方百計想要復合與先生再續前緣。

這令人感動的故事在歐金珠心中激起漣漪，正巧王英師姊邀請她一同到花蓮慈濟尋根，歐金珠興奮答應。

遊覽車不疾不徐地開著，將到達臺

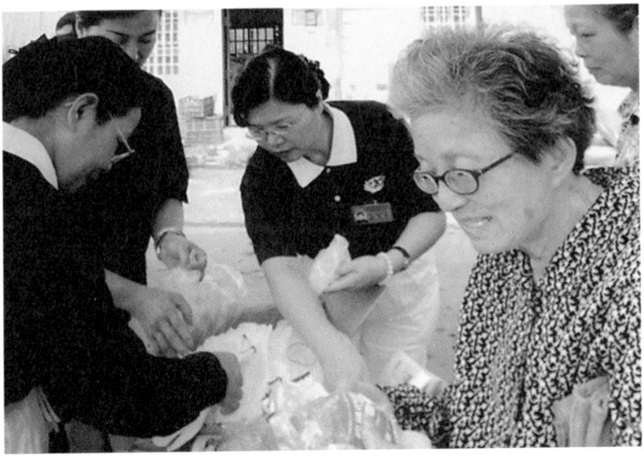

環保站早年在歐金珠家三合院做分類，中間者為吳月掛師姊。（照片提供／歐金珠）

東時，歐金珠竟不由自主地一直流淚，是近鄉情怯的眼淚、還是落葉歸根的眼淚？她自己也不解。但記憶猶新的她說到當時：「見到上人那麼清瘦卻承擔這麼多的事，心裡很不捨，相較起來自己是這麼『心寬體胖』。」一趟花蓮尋根回來，歐金珠開始了她的慈濟志業。

歐金珠積極募心募款，見到人就歡喜說慈濟。二〇〇一年，上人行腳屏東時，跟屏東的弟子提及，因屏東幅員廣大，希望能在萬丹以南至恆春處設置二至三個連絡處，方便志工聯誼共修之用。上人的心聲，歐金珠聽到了，心中突然閃過一個念頭，自家的三合院就是

環保站的共修教室，是來自九二一希望工程拆卸的組合屋建材。（攝影／王翠花）

最適合的建地。

三合院是父親與先生合購的，歐金珠先與先生孫樹根商量；孫樹根秉持著「佛心師志，師父有事弟子服其勞」的誠心一口答應。歐金珠又趕緊以電話徵得父親、母親與三位弟弟的同意後，隨即稟告上人：「新園共修的建地找到了。」上人驚訝道：「這麼快！早上才說，下午就辦好了，有這麼簡單的事？」

古色古香的三合院是當時的豪門宅院，上人曾來參觀二次，見到屋簷的獅頭像及屋內的古董、桌、椅、床鋪，不忍廢棄，便慈示：「三合院原貌保存下來，將來可供大愛電視拍片場景之用」。三合院為了保持原貌，無法因應環保站的需求而修改，曾短暫提供共修聯誼、環保分類，度過一年六個月。

•一磚一瓦有情有愛 齊心建設環保站

新園鄉民張吳月掛因為兒子發生嚴重車禍，經高人指點要多做善事；她大筆捐款後，奇蹟事發生了，兒子由加護病房轉至普通病房，她心存感恩。那時歐金珠與她常常關懷互動，說慈濟、話慈濟，兩人成了比親姊妹還親密的好姊妹，吳月掛也成了歐金珠的「小雞」。

當歐金珠要向月掛募款用於三合院建設聯絡處時，月掛聽錯以為要募土地，即說：「好吧！」就把新園鄉瓦磘村占地約四百四十坪的土地捐作環保站及共修道場。想到兒子出車禍，體會生命無常，她可說是抱著「一善破千災」的意念捐款。於是新園環保站於二〇〇二年八月動土，二〇〇三年三月啟用。

環保站的主體屋，來自「九二一希望工程」拆建後的組合屋。和氣環保幹事蘇榮仁今年七十四歲，一九九九年「九二一大地震」那年，他聽說南投重建需要人手，就到災區去幫忙搭建組合屋、到學校整地，做得很歡喜。待南投鄉親安定後，搭建的組合屋可以拆解，讓全省環保站領回建材；而新園正要建設環保站，蘇榮仁勇於承擔，從整地、搭建，無不親力親為，回想起當初不屈不饒埋頭苦幹，堪稱毅力勇氣兼備。

一路走來二十多年，最令蘇榮仁津津樂道的故事是，他曾經幫印順師公按摩過；即使現在年紀稍長，他仍堅守志工崗位。太太蘇許桂惠，當年為護持他做慈濟，一人兼顧家業、事業，還得照顧孫子。現在蘇榮仁與太太每天都會到東港聯絡處清潔環境、整修草皮及整理回收物，處處用心，夫妻倆人頗受眾人

蘇榮仁與太太蘇許桂惠天天都會到環保站顧頭顧尾協助整理，兩夫妻正在放置回收物。（攝影／張慈玲）

尊敬，也與大家結了好緣。

・寶特瓶當健康步道 環保阿母顧頭顧尾

說話輕聲細語的蔡陳錦雀是新園環保站站長。她的先生以前是建築泥作的承包商，工地經常有裁截下來的鋼筋或鐵片等；不捨這些廢鐵在工地生鏽腐蝕，她就將這些廢鐵載到新園環保站，因而認識慈濟。先生經常為了趕工，長期身心勞累，在二〇一二年感覺身體不適，經檢查確定是肝癌。

陳錦雀為了陪伴先生看病，刻意放慢生活步調，不再汲汲營營於賺錢。「做環保回收是撿福，伸個手彎個腰，把別人不要的福撿起，撿起來就是我們的。」有此體認後，她投入環保的時間增加了。二〇一三年，她勇敢接下新園環保站的站長任務；先生不敵病魔，在二〇一七年往生，她拭去淚水，繼續往前走。如今兩對兒女均已成家，她更無後顧之憂，每日以環保站為家。

「阿母，您的斗笠好特別、好漂亮呀！」屏東太陽炙熱，每位環保志工都把自己包得緊緊的，只露出一雙眼睛，而環保阿母李陳麗玉的斗笠特別吸睛，讓錦雀不禁好奇問道。

阿母回答說：「是啊！這是我在廢棄雨傘布區挑選的，很漂亮的花色，我很喜歡。」阿母今年八十七歲了，因為年紀大又天天來做環保，所以大家都尊稱她為「環保阿母」。

環保阿母在一九九八年透過朋友邀約到花蓮靜思精舍尋根，聽到上人說：「行善不分富有貧窮，富有的人捐錢，貧困的人付出他的勞力，得到的功德都是一樣。」阿母聽了很感動，回來以後就在社區開始做慈濟。她每樣物件都不浪費，連五毛錢都存起來投竹筒，她說：「存起來可以蓋醫院，可以救人，這樣不是很好嗎？」

阿母年輕時心臟曾經開刀，很感恩上人幫她開啟環保的道路。她說：「不能浪費時間，我就是要學佛法，要聽師父的法，今天聽嘸，明天也多少有聽到，也能記得，都會有影響的。傻傻地做有時會做錯，要用智慧。人也是要做一些好事，才會有好運氣。」

錦雀稱讚阿母很精進，除了每天來報到幫忙分類，還會留下來收尾，巡視門有沒有鎖、地板有沒有掃乾淨，顧頭顧尾，真的是環保站的母仔。「阿母，您要站好、要站穩喔。」在環保站，阿母跟志工們會把寶特瓶鋪滿地，再上去用腳踏平，他們把這當作「健康步道」，壓平瓶子兼「按摩腳底」。

・從職場退休 找到專長發揮良能

從事飼料運送的許伯仲，從職場退休下來後，某天跟太太鄭麗華來到環保站參觀，看到環保站堆積許多物件還沒整理，他心想，也許可以來做看看。剛來到環保站時，男眾多半是在拆解區，處理堆放在拆解區的電器用品、三C產品、腳踏車等等。有些回收物品未經分類，只以一般廢鐵賣

站長陳錦雀認為做環保是撿福，把別人不要的福撿起來，就是我們的福氣了。（攝影／王翠花）

出，得到的錢卻是極少。

許伯仲眼見現場堆放了很多輛腳踏車，也是以廢鐵賤價賣給回收商，覺得相當可惜，便在環保站找個地方，自己購買工具，做起腳踏車分解與修理；一回生、二回熟，拆解久了，他逐漸認識腳踏車的構造，也學會如何組裝。

平時，他會將尚可使用的零件收集起來。在環保站裡，若有人看中某輛腳踏車，就會請他幫忙修理；平日回收的零件此時便派上用場了，只見他套上一顆螺

環保志工以歌仔戲調演出逗趣的「環保五好」戲劇，宣導環保理念。（攝影／羅清文）

絲帽、或加上一根踏腳，一輛腳踏車又有了新生命，讓新主人開心騎上；許伯仲則是充滿成就感地說道：「這樣我又有事可以做啦！」

「師兄，您是專業修理師嗎？」在環保站拆解與組裝腳踏車已經五、六年了，許多人驚歎於許伯仲對於腳踏車的修整知識。他開心地說：「曾有參觀的人進來環保站，挑選了四輛已修理完好的腳踏車，隨即掏了五千元。」四輛腳踏車隨著善心人士重獲新生，許伯仲則樂將五千元投入環保站善款。

許伯仲的太太鄭麗華，也因香積缺人，帶著羞怯的心情估且到廚房試試看。所以，「不要小看自己，人有無限的可能。」一試之下，鄭麗華竟也發展出高超的廚藝，現在負責新園環保站的香積。

她分享道：「為了照顧好每一位環保志工，我很用心在學習。在聽完營養師的說明後，我才知道該如何為環保站志工們的健康把關，煮出營養均衡的素食餐點。」能用美味素食與志工結好緣，也讓她找到自己的快樂。

新園這群環保志工心念單純，在人生這條路上，奮力打拚大半生，完成成家立業的責任；而在人生的下半場，因為認識慈濟，他們感恩上人開闢了環保法門，不必在意年紀或能力的限制，人人都能從做環保中感受知足、快樂。

從三國演義到菩薩之家

內埔大新環保站

在內埔鄉大新村，有一處綠油油的小小草地，萬紫千紅的小花圃，婷婷玉立的修竹圍繞，出淤泥而不染的高雅蓮花錯落於牆角路旁，搭配古色古香的竹軒《成美園》，這裡是王繼平師兄為紀念雙親王少成與張招美，無償提供給慈濟作為環保站使用的屋舍。

乍看這個難得一見的造景花園，彷彿置身於世外桃源。倘若沒看到「內埔大新環保站」這個招牌，還以為它是一所小學校呢！小花園同時是不分男女老少、不分貧富貴賤，一起來做環保的溫馨園地，總能見到志工在這兒做環保做得笑咪咪，連鄰近國小的環境教育研習也選擇來此實作體驗。

・一念心圓滿一個願

內埔大新環保站長王繼平娓娓訴說他的一段陳年往事，令人動容。王繼平的父親是一位老兵，早年跟隨國民政府撤退來臺，居住在花蓮，後來退役了，就來到屏東內埔結婚定居下來。他的母親是一位瘖啞人士，從小在村落裡，王繼平都被鄰里戲謔稱為「啞巴美的囡仔」，讓他自小感到自卑，讀大學時就遠離家鄉了。

王繼平從國立嘉義師院畢業後，分發到南投縣教書五年，才請調回屏東教書，居住在屏東市。他的父母親於二

王繼平老師的老家因無人居住荒廢多年。（攝影／王繼平）

○○六年及二○○八年相繼往生，王繼平難忍悲傷，導致自律神經失調，影響生活品質。住在臺北的姊姊是受證的慈濟委員，就鼓勵王繼平去做環保，於是他來到內埔大新環保站，因而認識了內埔環保站長古美貞。

除了做環保外，王繼平也加入屏東兒童精進班陪伴學童，在一次證嚴上人的開示影片中，他聽到上人的一段話：「如果我們能將父母留給我們的身體，化無用為大用，是真報父母恩。」那時，王繼平同時要載四位環保菩薩到內埔環保站去，古美貞師姊曾說，每個村莊最好都有環保站，觸發了王繼平的一

二○一一年王繼平重新改建老家，並用父母親的名字取名成美園，紀念雙親。（攝影／王繼平）

個念頭，想來整理老家。

王繼平得到姊姊的認同與支持後，就把荒廢的老家重新建築起來，取父母親名字中的一字，定名為「成美園」來紀念父母親的恩情；屋前也搭建二間鐵皮屋，作為大新村的環保回收場地，自二〇一一年開始啟用，環保所得全數捐助慈濟慈善志業。從此，環保志工可以就近做資源分類愛地球。

內埔大新環保站，雖然只是小小的環保站，卻是大愛匯聚起來的菩薩之家！

王繼平淡淡地說道，他的母親改嫁三次，前面一位哥哥、一位姊姊與他分屬三個姓氏，自小鄰居都數說他們家是「三國演義」。

加入慈濟後，王繼平改變自卑的想法了，他願意去接納家庭弱勢的人，提供一個暫時的避風港；現在他的老家成為大新村男女老幼最佳的環保教育場所，人人都可以在此發揮良能，做拯救地球的工作，他笑稱，「三國演義」現在變成是「菩薩的家」了。

．學校環境教育 實地體驗環保分類

二〇一四年四月十日下午，內埔鄉崇文與隘寮兩所國小四十多位老師與志工，在李岳林與林明泉兩位校長的率領下，蒞臨內埔大新環保站，展開靜態與動態的環保教育研習。

慈濟環保種子講師顏金珠以影片「愛護地球保護大地」向學員說明環保的重要，老師們從中獲悉，地球因產生太多的二氧化碳而生病了，並且病得很嚴重，導致世界各地的災難頻仍。

破壞地球的罪魁禍首是人類，救地球唯有靠人類，再不展開行動，地球毀滅近在眼前；而物品如果能夠重複使用，將是減少地球被破壞的方法之一。顏金珠語重心長地提醒：「老師一言一行影響學生最大，希望各位老師能教導學生，從小養成省電、省水、省食物的好習慣。」

了解環保的重要性後，緊接著是研習活動的重頭戲——動態分站的實務演練。兩位年輕有為的校長率領老師打前鋒並排作戰，不論是資源分類、機械拆卸、安全帽拆解等等，一學就上軌道，也做得非常起勁，熟練的分類動作，一點也不遜於資深的環保志工。

崇文國小李岳林校長感恩慈濟為兩所學校承辦環保教育研習，他說：「今天除了吸收環保教育知識外，也有回收分類作業流程實體課程，做環保是最珍貴的體驗；返校後，我們才知道如何去指導學生做環保分類。」他表示，今後在學校要更確實地推廣環保教育。

隘寮國小林明泉校長也分享自己的感想：「環保教育也是學校教育的重點，學校老師來此學得環保知識及資源分類實作體驗，知道生活中有很多是可

大回收日分類好，當天就會請廠商載走，將場地整理乾淨。（攝影／王繼平）

回收的物品。今天過後，我們更要積極推廣環保，在學校加強資源回收，教導學生都要做到垃圾減量。」

第一次到環保站、獲益良多的崇文國小賈本惠學務主任也提到：「以前學校分類不仔細，今天實際做環保，才知道慈濟回收物分作十大類，我們回到學校要訓練學生把分類做得更徹底、更仔細。」

資源回收分類工作非常辛苦，老師們研習後一致認為，環保是大家應該要做的，老師要以身作則示範，對於環境的愛護更不遺餘力，也會教導孩子們成為地球最佳的守護者。

・遇見慈濟 苦盡甘來展良能

人生原本就充滿各種考驗，對黃百合師姊來說，兩段失敗的婚姻，讓她的人生過得更加坎坷。

在黃百合十六歲時，不顧父母的反對和工廠同事結婚，希望跟喜歡的人幸福過一生；想不到結婚後沒多久，夫婿認識新的女朋友，還把懷孕的女朋友帶回家一起生活。

為了小孩，黃百合一直吞忍，沒多久她還是被逼離開家，四處流浪無依無靠，還得撫養兩名稚小幼兒。她心灰意冷，也曾自我懷疑：「既然我什麼都沒有了，活著做什麼？」

經過二、三年後，黃百合認識第二任先生，先生說願意幫她養孩子。在第二任先生的影響下，黃百合學會賭博，她先生則是在賭博、上酒家時認識了一位小姐，第二段婚姻又是以離婚收場。

為了賺錢撫養孩子，黃百合開始經營茶室，每天要應付各路的客人，讓她變成隨時要跟人拚鬥的大姐頭；畢竟太軟弱就會被黑道吞掉，必須黑白兩道都能搞定！經歷世間滄桑，人生的甜、鹹、苦諸般滋味讓她體會良多，內心卻愈感空虛，也漸漸迷失了自己。

一九九五年，黃百合因心肌梗塞送院醫治，出院後在家休養時，在電視上看到一位法師講經，她凝神聽講，感覺法師句句說中她的心情。後來她到屏東分會見到證嚴上人的法相，認出上人即是電視上那位法師，就認定要跟隨這位法師做好事。

在黃百合的回憶中，記得法師說要趕緊做，趕緊到，慢走就慢到。人的運氣若是好運，好人叫就一直走；若是不好運，好人叫不走，壞人叫一直去，聽完這些話，黃百合覺得自己經營茶室做錯了，就把茶室收起來。

雖然黃百合不識字，但是每天看電視，一聽到法師說的法，就把它牢記在腦海裡。她還將法師的法說給別人聽，遇到有困難的個案她都會去關懷，也會把自己的故事分享給案主，鼓勵案主要堅強面對困難。

•菩薩的家 你的苦有我陪伴

「有苦的人過不來，有福的人就走過去！」為佛教、為眾生創辦慈濟五十六年的上人，常常以這句話諄諄訓勉弟子。因此，任何地方發生事情，慈濟志工一定走在最前面，做到最後面。

大新村村民林家裕因一場車禍造成行動不便，須靠輪椅代步，因此生活陷入困境。經人提報後，他被列為慈濟長期濟助對象，志工並每月定期居家關懷，查看生活狀況且隨時鼓勵向上。

在志工愛的陪伴下，林家裕的母親宋秋蘭堅持用輪椅推著林家裕來大新環保站做環保，回報慈濟的恩情，並想做手心向下、有能力付出的人；林家裕的弟弟林家生也在村長以每月三千元的激勵下，每日撿拾大新村被丟棄的酒瓶，淨化美化村莊。

「以前啊！這母子三人都不愛笑，現在大家看他們都是笑咪咪的呢！」林家裕一家的轉變，黃百合看在眼裡。

深感「可以當別人的貴人，是一件有福的事」，黃百合於八八風災前開始關懷黃家姊弟三人，到現在有十幾年了。黃家三姊弟有身心障礙，由外婆照顧長大，黃百合常到府做居家關懷，教導三姊弟生活整潔習慣，也帶三姊弟到大新環保站做環保。

三姊弟的爸爸是外省老兵，已經往生了，媽媽住安養院有二十年，現在是外婆與他們作伴。二個姊姊都是智能障礙，黃安勝也是智能障礙但能聽話。有一次黃安勝家裡發生火災，志工約有三十人前往協助清理，志工還協助購買一臺洗衣機、冰箱、飲水機等。

黃安勝三姊弟都領有政府的補助，慈濟並沒有補助金錢，但黃百合長期關心他們、陪伴他們。去年志工又幫助黃安勝修繕家中環境，阿嬤跟姊姊睡的房間被老鼠咬壞了，當志工前往清掃時，被流竄而出的老鼠嚇得大叫！幸而居家修繕完成了，讓阿嬤很安心。

在環保站，人人都能發揮良能，像是當寶特瓶區沒有寶特瓶了，黃百合叫

林家生身穿黃衣，做環保很勤快，大新村長也雇用他撿拾村莊內丟棄的酒瓶。（攝影／王繼平）

穿紅衣的黃安勝，雖然是弱智但很聽話，從小就在環保站付出，是大家的小幫手。（攝影／王繼平）

一聲「安勝」，黃安勝就知道要倒寶特瓶了；此外分類區分出各類回收，也都是由他集中倒好或裝袋，他快手快腳又勤勞，可以幫忙做很多事。

黃百合長期不間斷地幫助三姊弟，讓他們感受到社會的溫暖，也讓弱勢的孩子能為社會盡一份力量，同時為自己造福。黃百合相信，做環保只要一念心不變，隨時隨地都能做環保，從自己做起，步步踏實做，留給子孫乾乾淨淨的地球，學習簡樸過生活。

環保站是家　聯繫情感心之所向

竹田環保站

竹田鄉位於屏東縣中部，地處屏東平原中央，有東港溪、隘寮溪的支流流過，地勢平坦，氣候屬熱帶季風氣候，居民產業則以農業為主。它東鄰內埔鄉，居住在內埔的古美貞於一九九八年到竹田鄉推廣資源回收的環保理念。竹田鄉民徐鳳英得知垃圾可減量，資源又可再利用，秉持單純一念心，就這樣開啟了她的環保情。

竹田環保站原本毫無規模可言，但在徐鳳英的悉心規劃下，如今不但站內分類明確、一目了然，志工們並把環保站當成了家。徐鳳英抱持著一份最單純的歡喜心，努力做，別看她如此嬌小，無論是騎小車、開大車載

二〇一二年竹田環保站整建，志工整平地面砂石，以利鋪設連鎖磚。（攝影／李岱原）

滿回收物，都難不倒她。她說，看到環保志工那麼用心，付出無所求的心境如此單純，她就會覺得無比快樂。

‧垃圾減量做好事
三人作伴不畏辛苦

證嚴上人說：「環保一定要做。」

徐鳳英從事家庭美髮，某日剛從銀行退休的曾慧敏到她家洗頭，徐鳳英就邀約她一起做環保。曾慧敏被徐鳳英真誠的態度所感動，就背著幼小的孫兒跟著去回收，足跡走遍竹田、崁頂、新埤、老埤等村莊。不論晴天或下雨天，曾慧敏

環保站長徐鳳英剛載完回收物回來，手提大包寶特瓶歸位。（攝影／王清山）

從不缺席，一念心是行善做好事，一邊載回收物，一邊與會眾募心募愛。

鄰居蔡松妹看到徐鳳英在收寶特瓶，就問賣飲料的女兒曾秋珠，「店裡的寶特瓶要不要給人家做好事？」善良的曾秋珠就在收攤後把回收物整理好、綁好，載去給徐鳳英，並且在徐鳳英的熱心招呼下，也一起投入回收工作。

「有回收要收嗎？我們是慈濟環保站，我們要來跟你們收回收，要來分類。」

徐鳳英將車邊開邊走，並挨

家挨戶地問著。聽到上人呼籲要顧大地，徐鳳英身體力行，做好事、說好話、行好路；學而時習之，不亦悅乎！她活到老，學到老，每樣都可學；既然師父說對的工作都可學，她就耐心一直學下去。

到了一九九九年，徐鳳英的先生劉文雄看到她的認真態度，不忍心看她一個地方換過一個地方，就將住家旁邊約八十坪的空地作為環保回收置放處，並蓋了廚房和廁所方便志工使用。環保志工至此終於有了可以安頓、做事的地方，不必再四處漂泊。

三個人長久付出的精神感動了組隊，組隊法親家人紛紛慷慨解囊，環保站鐵皮屋於二〇〇四年建構完成。鐵皮屋前面是泥地，風一吹、車輛一過，塵土飛揚，遇到下雨則泥濘不堪；志工黃連珍因母親往生、留下三萬元，她將錢捐出為母親植福，把泥地鋪成水泥地，方便眾人進出。

上人法語：「我沒有多餘的時間回憶過往，也無暇憧憬未來，只是盡心的把握現在，謹慎的處理此時此刻。」徐鳳英以此當座右銘，不斷地提醒自己，時時把握當下，分秒不空過，「對的事，做就對了。」

‧淳樸農村環保站　休憩教育多功能

塑膠袋燃燒會產生有毒物質，所以塑膠袋的回收極為重要。環保落實至今，在人們心中已成為日常生活的一部分，垃圾減量、資源回收、回收再利用等觀念，深植於每個人的心中。上人在三十多年前提出要做環保，不但回收物資，也回收「人」；上人不僅救地球，更讓很多退休的人重新找到人生再出發的意義，讓生命再活起來。

利用有形的物質讓老人家來做環保，無形中也提高了長者的生活品質。吳全妹老菩薩已八十多歲，因脊椎開刀不能拿重物，卻在寶特瓶分類區做得滿心歡喜；她感恩有環保站，讓她天天做環保心情好。吳全妹的媳婦黃菊嬌也是慈濟委員，兒子是潮州國小老師，非常護持慈濟，有空閒時常參與慈濟活動。

曾秋珠做環保後，也改變了她的媽媽。她爸爸罹患失智症，媽媽長年照顧他而有了憂鬱症。後來爸爸中風了，剛開始請外勞照顧，但爸爸防備

黃陳錦師姊手持長棍將遠一點的回收物推近一點。（攝影／王清山）

心重，外勞一個一個都被打跑了；她爸爸也會對她媽媽動手，造成家裡紛亂，最後只好送至安養院，由專業護理人員照護。

之後，曾秋珠就帶著媽媽到環保站。因為環保站有很多伴，大家像一家人能聊天，互相關心，互相照顧，媽媽的身體愈來愈健康，每天做環保，也是讓媽媽最開心的事。

「做環保安頓好身心，上人才不會擔心。人有無限的潛能，每一顆善種子都能一生無量，我們要把垃圾變黃金、黃金變愛心、愛心化清流、清流繞全球。」徐鳳英感恩上人開示很多法，她說，每做一項就學到一項，所以不要怕做，做下去就得到，做下去就賺到，不做就可惜了。

・用身教言教來感化　母子天天攜手做環保

黃陳錦已八十六歲，早年居住在高雄，隨著先生自公路局退休而搬回老家竹田定居。她的兒子黃柏誌因車禍腦震盪，留下後遺症，黃陳錦每天帶著黃柏誌做環保，大手牽小手擴展大愛，歡喜又自在。

黃柏誌是一位菸不離手的癮煙子，一天要抽四包菸，只要他一走進環保站，遠遠地就能聞到他身上香菸的味道，有時載黃陳錦來環保站，他都還抽著菸。徐鳳英告訴他，來環保站不可以抽菸，他就躲在一個角落繼續抽著，等黃陳錦做完環保，才一起回家；有時他等到不耐煩，就會跑去小賭一下。

黃陳錦看到兒子沉迷賭博，很是痛心。她想到上人說過「以工代賑」

的方法，就告訴柏誌，若每天一起來做環保，就給他錢；從此柏誌開始做環保，笑說媽媽是他的董事長。日復一日，柏誌慢慢感受到媽媽天天在環保站做得歡喜快樂，付出無所求。

有一天，柏誌賭博輸了不少錢，非常懊惱，他開始省思，認知自己的所作所為跟媽媽的言行身教相違背，就認真捲起袖子做環保，幫忙做一些較粗重的工作，也會開環保車去載回收。柏誌在做之中了解，愛地球是每一個人的責任，應該向媽媽和環保志工學習，於是立志、毅然決然地戒掉了賭博的壞習氣，還能存錢來布施。

民風淳樸的竹田鄉，簡單的鐵皮屋下，堆積如山的回收物，是志工守護大地的信願行。（攝影／戴敦仁）

宗教處環保組員陳哲霖應邀到竹田國小，向師生講授「節能減碳愛地球」環保教育。（攝影／邱春榮）

黃柏誌專心做環保，讓志工對他的精進行為讚歎不已。他眼見長期茹素的媽媽身體健康，而他天天吃肉，卻時常病痛纏身，就學著和媽媽一起吃素，長養慈悲心。果然，柏誌的面相日趨祥和平靜，身體健康，病痛也都沒有了。

黃陳錦說：「在慈濟這些年，真的煩惱愈來愈少。我覺得，上人的法真的能夠幫助我們。」

從二〇〇一年投入竹田環保站，黃陳錦二十多年來如一日。

她做環保身體愈做愈健康，愈做愈歡喜，要蹲、要站，都沒問題；她更期待柏誌一直做下去，歡歡喜喜。

話有用就叫作法，無處不都是法。日常生活處處皆法，佛法要真正融入生活，改變人心向善，得從根本做起。上人期許人人自我反省，盤點自己生命點滴，把握有限生命，展開行動殷勤付出。

社區環保　讓長者運動更健康

枋寮環保站

枋寮位處屏東平原與恆春半島的中介點，沿海地區地勢平坦，多闢為養殖漁業區，近山地區稍有起伏，早期以種植稻米為主，現已改種蓮霧、芒果經濟價值較高的農產品，氣候上屬熱帶季風氣候。

陳素雲是枋寮環保站的站長，從一九九三年開始做環保，秉持初心與毅力負責車輛調配、廠商連絡、環保分類事宜、隨車與社區和學校環保宣導。她把環保當家業，每天一大早到環保站分類，整理內外環境，落實環保，祈願能接引更多人間菩薩共植大福田。

•命運多舛　皆是成就歷練的養分

陳素雲年輕時懷抱夢想，北上工作，在一家外商電子公司結識了先生楊淦坤，他們彼此照顧，進而結為連理。奈何生命無常，她先生於三十九歲那年常常拉肚子，原本認為拉肚子不是什麼大病，病情一拖再拖，直到去馬偕醫院作了詳細檢查後，才發現已是胃癌末期了。

「別人進醫院是病著來、健康地出去，為什麼先生無法健康地出去，卻是被抬著出去？『醫院』不是代表著一種

枋寮環保站占地只有五十坪，小而美，隨時都維護得很整齊。（攝影／戴敦仁）

陳素雲認為做環保最直接造福，接引父親陳順益做環保，也是報答親恩。（攝影／戴敦仁）

希望嗎？」

她含淚無語問蒼天，為什麼會是她的先生呢？為了在先生面前表現堅強，她強顏歡笑，鼓勵先生會好的；誰知道一轉身陳素雲早已柔腸寸斷，不禁怨恨老天捉弄人。

為了醫好先生的病，什麼江湖祕方她都嘗試過。那時娘家爸媽一聽到什麼祕方有效，就連夜趕搭野雞車到臺北，拿著被視為救命仙丹的祕方前來，無非就是希望她先生真能奇蹟式地好起來。爸媽隔天一早再趕回南部，經常如此來來回回。

先生不忍看到家人為他奔波勞累，也不忍見到她傷心流淚，就說：「我們回去吧！」陳素雲與先生在一九九〇年回到南部、自己的故鄉，才短短四十天，先生就走了！他走得很安祥，沒有痛苦，連要離世，也不捨看到家人為他傷心難過。

現實的生活繼續過，陳素雲仍要面對未來的日子，她帶著二個女兒，搬回娘家與爸爸媽媽同住，同時也在幼稚園找到一份工作。每到傍晚黃昏時刻，她就會到海邊看海，療傷止痛；望著日出日落、潮來潮往，感歎人生就如波浪，一波未平，一波又起，起起伏伏，物換星移，何處是心靈的歸依處？

她於一九九〇年先生走的那一年茹素，隔年，她發現喉嚨有一顆腫大的瘤，開完刀就沒事了；接下來，同一年她作全身健康檢查，又發現後腹腔有一顆囊腫很大。醫師懷疑囊腫那麼大，怎麼既沒破掉、也沒壓到？她跟醫師說，她已長期茹素，醫師認為或許是因為她茹素，沒跟動物結惡緣，才無事也不會痛。

後來她在花蓮慈濟醫院剖腹開刀，就像生小孩一樣把囊腫拿出來，醫生並提醒不能拿重物及騎腳踏車。一直到二〇一一年，她又檢查出有C肝，指數飆到一千多，醫師說一定要打干擾素；施打過程中，她也沒有不舒服，打完後如常去運動、喝水，環保照做。面對這些年來諸多無常示現，她更發願勇敢做環保，累積福報。

• 資深師姊用心接引　走出悲情努力造福

陳素雲自先生往生後，始終有一份發自內心的懺悔與自疚，總覺得是自己的業力太重，積福不夠；因此她常藉著跑道場、趕經、拜懺，或利用郵政劃撥、助印經書、捐款，求得心安，更重要的是幫先生積功德，希望先生在另一個世界也能過得好。

經由弟媳周麗貴的介紹，陳素雲認識枋寮第一位委員楊淑貞。淑貞知道素雲因先生往生而情緒低落，就拿證嚴上人的《渡》系列錄音帶讓素雲聽。錄音帶介紹慈濟的慈善事業，更時時引用上人的法，滋潤了素雲日益枯竭的心靈。

淑貞也帶著素雲到花蓮尋根，亦在社區訪貧看望個案，希望藉由他人的世間相，讓她「見苦知福」打開心門，走出象牙塔去接納他人。就這樣在淑貞的用心引導下，素雲終於走出人生低潮。淑貞了解素雲的性情，有時也會點醒素雲：「假如妳心胸放不開，嘴巴不甜，也不與人相處，怎麼招募會員、接引會眾呢？」

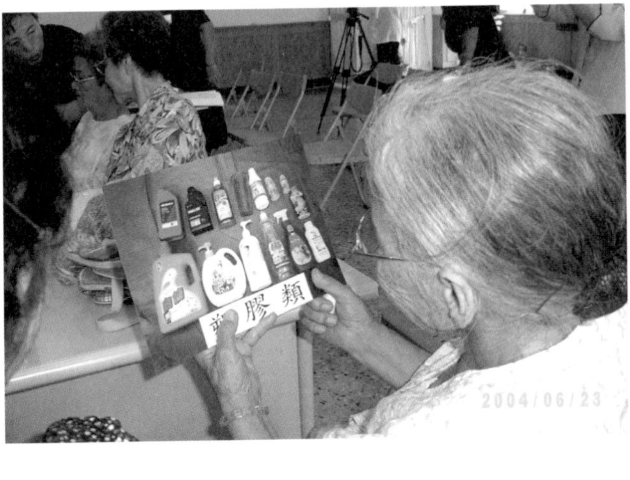

落實社區環保，陳素雲教民眾分類，阿嬤認真看回收分類的實體物件。（攝影／潘明原）

陳素雲在訪貧個案中，慢慢體會到自己的富有。她雖然失去先生，但二個女兒獨立堅強，懂得照顧自己，幫助別人，體恤媽媽；而她又能回來與爸媽同住，能走出來做慈濟，行善、行孝，她都做到了，這不就是世間最有福的人嗎？當漂泊的心找到了歸依處，陳素雲不再迷茫，上人成為她人生道路上的明師與明燈。

‧行善行孝報親恩　冥冥之中得福蔭

陳素雲認為做環保是最直接造福的，就於一九九三年向父親陳順益提議，把緊鄰住家旁占地五十坪的土地，還有地上的一間拱型鐵皮屋，拿來作為環保站使用。她父親陳順益當時六十一歲，心想那塊地也沒什麼作用，陳素雲想做環保就讓她做吧，她心裡有個寄託也好。

陳素雲在安親班上班，每天早上五點半就到環保站，到了十點才離開；下午五點下班後，她再過來環保站。她也是枋寮第一位掃街的人，

邀請社區民眾參與愛灑人間環保茶會，大愛媽媽帶動「感謝天、感謝地」手語歌曲。（攝影／林正琦）

那時她每天從防波堤掃到漁港燈塔，再掃到街道約二、三百公尺；就這樣「掃地掃地掃心地」，掃除了心中積壓多年的鬱悶與垃圾，也掃出了一群社區志工。一群心懷善念的人，默默持續為社會付出。

陳素雲也鼓勵父親陳順益做環保。陳順益每天會準時把不要的垃圾拿出去丟垃圾車，每天也把環保站的垃圾清理掉。所以環保站裡面很乾淨，也沒有臭臭的異味，從以往到現在都保持得相當乾淨。

陳順益務農兼抓魚，而孫景星家開雜貨店，二人平時搭配，清晨四點半就開車到各回收點載回收，從枋山、丹路、春日、北旗尾（東海）、水底寮一直到楓港、還有工業區的工廠，幅員很廣。以前他們是每天載，現在是一個星期載兩天，載好回來，時間都還不到七點。

孫景星今年八十八歲，是環保站另一個寶。他年輕時當理髮師，當捆工開大卡車；結婚後開雜貨店兼開車載乘客，雜貨店名「俗俗賣」，於是大家叫他為「俗俗賣師兄」。他跟陳順益是最佳拍擋，有人誤認為他們是外省人，是慈濟花錢請來做工的。

「你們一個月是多少錢？」

每當他們被問到這樣的問題，二人異口同聲地回答：「我們是做志工啦！」

陳順益於二〇〇八年十一月在大林慈濟醫院檢查出慢性骨髓炎，經過二十多日的治療，康復出院，大家都說他是有福氣的人，「有先做起來囤積」。陳素雲也深感爸爸是有福氣先做起來囤積，再次讓她感受到「有做

環保茶會現場有環保 DIY 展示區，許多大家意想不到的回收物，搖身一變成為精美的手工藝品。（攝影／林正琦）

才有福報」。

陳順益於二〇一〇年在陳素雲鼓勵下參與「慈悲三昧水懺入經藏演繹」，懺悔過往，就不再抓魚，跟著茹素齋戒，之後身體愈來愈健康。二〇一七年十二月上人行腳屏東，環保志工們分享二十多年來如何在環保站過得健康快樂。

當時已八十六歲、一頭白髮的陳順益，慈藹地向上人報告：「我聽上人的話茹素，吃到現在身體健康。」

為了清淨大地，六十多歲到

八十多歲的環保志工分工合作，把環保站當作家。上人當時並勉勵大家，從醫療的角度來看，做環保、動腦動手，是防止退化的好辦法；上人期許大家，落實社區環保，讓長輩到環保道場，健康生活、豐富生命。

‧因應時代變遷　推動社區環保

隨著環保風氣逐漸為大眾所接受，慈濟的環保除了擴大行之有年的資源回收，也加強「源頭減量」的宣導，二〇〇五年明確訂出「環保五化」：年輕化、生活化、知識化、家庭化、心靈化。

在郵局工作的周淑華，每天整理郵件時，有時會看到很多《慈濟道侶》半月刊，常因為住址不對被退回；她好奇就拿來看，上面報導著全球慈濟志工投入志業的大愛情懷與心地風光。讓她記憶最深刻的一次是一九九一年大陸華東賑災，那時慈濟推出愛心箱募款，周淑華心想，不如郵局也來放個愛心箱，讓有心人可以植福。

周淑華就打電話到屏東分會，資深師姊楊淑貞來找她談話，開啟了她的慈濟因緣。接著她認識了陳素雲，因為還在工作，她大多是在星期六、日與陳素雲開車載回收。有時她也會感到累，但兩個人在車上聊聊天，也就不覺辛苦，愈做愈歡喜。

周淑華感恩有陳素雲的陪伴，她覺得保護地球本來就是要靠大家，大家盡一點力，地球就會變得很好。像這一陣子因為疫情中斷回收工作，反而常不知道要做什麼，她感覺生活彷彿失去了重心。做環保之後，周淑華獲得最大的體會是讓物命再利用，做環保後她發現很多東西不需要再買，其實家裡並不缺什麼，就不會再總是想著要買東買西了。

過去，為了保護山林、水土保持，慈濟志工推動環保；如今隨著時代演進，回收的內容與數量也不斷變化；但上人期許，現在基於全民健康考量，社區環保未來更要積極推動，使其日新月異！

環保站是社區道場　廣結好緣

餉潭環保站

新埤鄉位於屏東縣中部，居民以客家人為主；它的地理位置位於屏東平原中央，雨量充沛，氣候溫暖宜人，適合農作物生長。出外創業多年的潘彩月，因婚姻觸礁重新回到餉潭故鄉，卻見到年輕人口外流、村莊內多是老人相往來的遲暮之景。

潘彩月之後加入慈濟大愛媽媽團隊，經由到校園教演靜思語故事而受啟發，她體會到人不要被歲數捆綁，應保持年輕的心，讓生命充實，將自我能力發揮到淋漓盡致。「能做，盡量做！」於是她發心守護環保站，凝聚鄉親善念，不但用雙手守護地球，更把善念傳遞出去，同耕福田護大地。

‧生活的歷練　皆是成長的養分

出生於一九四八年的潘彩月是新埤餉潭的子弟，在餉潭國小教書。為了改善夫家經濟，她於一九七一年轉入新埤鄉農會，參加財政部升等考試，晉升為會計股長，薪資比擔任教師多出三十倍。

那時潘彩月的先生官任中尉月領四百元，常年不在家。家中尚有三位年幼小叔，分別就讀初中、高中、大學，還要照顧年邁的婆婆；她的大兒子殘障，下面還有妹妹跟弟弟。彩月一邊上班、一邊照顧小孩和家人，同時還得與

餉潭環保站直接把回收的物品名稱，標示在大門口給民眾知曉。（攝影／張玉蓮）

婆婆撿蕃薯葉養豬、養雞貼補家用，生活甚是艱苦。

一直到彩月的先生退役後，她再度辭去農會職務，與先生攜手到高雄創業。不料，先生在事業有成後結交外緣；潘彩月氣憤不過，甚至想要一把火燒掉工廠，來個同歸於盡，也因長期悲傷，導致憂鬱症發作。

憂鬱症纏身，令她苦不堪言，幸好有貴人即時出現。二〇〇七年潘彩月之前農會的同事鍾孟儒來找她，知道她的情況後，為了轉移她的注意力，就帶她去認識吳靜怡老師，因而進入慈濟大愛媽媽的團隊。

・因付出柔軟了心態　做環保沒煩惱

「留給我們的孩子，一個乾淨的地球；留給我們的孩子，一條清澈的河流。留給我們的孩子，一個碧藍的天空；留給我們的孩子，一片草原綠油油。讓我們的愛心，溫暖你寒冷的手；讓我們的愛心，照亮黑暗的角落。讓我們的愛心，化作大愛的清流；清流繞著全球，淨化人心不煩憂。

留給我們的孩子，一個乾淨的地球。」

輯錄證嚴上人開示詞、清新好聽的慈濟歌曲，總能吸引大家的眼光。潘彩月跟著大愛媽媽到校園教演靜思語故事時，都會聽到激勵人心的優美

潘彩月為資源回收修護門市服務人才培訓班授課，教授環保酵素的簡易作法。（攝影／王清山）

謝美玉（左一）教導環保帽的手工 DIY，環保帽成品顏色鮮豔，吸引大家的目光，學員用心縫製。（攝影／林美瑜）

歌曲，漸漸地她的心也隨之變得柔軟，很喜歡來參加活動。在一次讀書會中，她聽到證嚴上人的一句話：「做環保，沒煩沒惱，呼大家吃介長落落（臺語）」，也決心開始做環保。

「師父她要救人，就是把這個寶特瓶拿來作衣服、襪子、毛毯。」

「師父要用這些救人、做好事是嗎？我後面有，我拿出來給你。」

餉潭村地處偏鄉，年輕人口外流，遺留在村莊的大多為長者。因此彩月總以很直白的說話方式向村民宣導，村民一聽她說要救人，個個都很高興，主動把回收物留給她，她也愈做愈投入。

•發心籌募建設經費　蓋有屋頂的環保站

餉潭環保站是二〇一一年由潘朝亮與潘樹金無償提供的百坪土地，志工只用帆布簡單搭建，就開始做起環保。潘彩月心想，要作人間菩薩招生，不能沒有一個讀書修心與辦活動的場所，於是發願蓋一個有屋頂的環保站。

心願既定，潘彩月猶如「乞丐下大願」，她滷豆干、作豆腐乳、鳳梨醬來義賣，還有編織喜氣洋洋的平安吊飾，以結緣品匯聚善的力量，以三元、五元積累成就大願，有願有力，終於一點一滴完成夢想。

二〇一四年三月，有屋頂的環保站正式啟用，那日陽光晴朗，鄉親都來祝賀，場面熱鬧非常。環保志工早上六、七點就來了，付出無所求。分類做完，大家的肚子會餓，潘彩月早在前一天晚上滷了九個鐘頭的豆干，讓志工享用。

布施、利行、愛語、同事四攝法，就是待人接物的道理，分秒中都不能離開我們的生活。它提醒著我們，要在人與人之間結好緣，修養我們的身心，因為待人接物就是最好的修行。環保志工大都是老人家，潘彩月努力與長輩結緣：「我都是用最好吃、最營養的點心，來跟老人家結好緣，這樣老人家就很歡喜了。」

• 讀書會修心佛法 用法在人間

在潘彩月的邀約下，環保種子講師吳靜怡帶領志工及鄉親們進行讀書會。住在萬丹的吳靜怡每週三晚上花費四十分鐘的路程來到餉潭環保站，路途有點遠、又有點暗，但是她歡喜期待。後來她先生張德銀的躁鬱症獲得改善，更進而促使張德銀參加培訓，受證慈誠隊，見證了善有善報。

潘朝亮與潘樹金到環保站參加讀書會，志工為他們更換新的口罩，謹慎防疫。（攝影／張玉蓮）

之前，每當吳靜怡要開車外出時，患有躁鬱症的張德銀便會吵鬧不休、阻止吳靜怡前往；吳靜怡只好讓先生上車一同前行，也幸而有張德銀的陪伴，吳靜怡才不畏懼路途黑暗與遙遠。

剛開始吳靜怡用《證嚴法師說故事》影片來當教材，有一次講到「五色鹿的故事」時，張德銀就起身走來走去，還說吳靜怡「黑白講」，直嚷嚷著：「鹿哪會講話！」

旁邊的志工見狀便將張德銀帶出去，不讓他影響上課秩序。

餉潭大愛媽媽會到餉潭國小進行環保教學，長期帶動學童，將環保理念向下札根。（攝影／張玉蓮）

志工同時也會讚歎張德銀：「師兄感恩您！感恩您陪伴吳老師一起來上課。」你一句好話，我一句讚賞，讓張德銀的情緒愈來愈穩定，也會跟著志工做事。吳靜怡看到張德銀日漸進步，更加珍惜每次付出的機會。

在每次的讀書會中，潘彩月總不斷懺悔自己說話太大聲。由於過往的環境及工作場域，養成她「大聲公」的習氣——「理直氣壯，得理不饒人」，至今積習難改，得罪了不少人。現在她知道，「理直要氣和，得理要饒人」是修行的功課，改變自己是自救，影響別人是救人。

潘彩月亦想起，上人曾說過：「我們的心在日常的生活，語默動作，行住坐臥，待人接物等等；我們的心專而精，我們所面對的，無不都是道業，因為我們心中有『道』，我們行中有『路』，所以就『有法度』，對人就有辦法。」熟識吳靜怡以後，潘彩月也被她的悲慘人生所感動，現在她要好好守住「環保站」這社區道場，廣結好緣。

•飛將軍退伍無常驟至　伉儷懺悔改往修來

近來，慈濟推動《無量義經》社區讀書會，上人更在「晨鐘起薰法香」中，明白開示經文的妙處；為求法入心，能法入行，深盼人人心中有法，行中有法，因此藉由手語的演繹，讓經文奧義深入人心。

法會中，志工們以手語演繹《無量義經》——說法品。

「……有一法門《無量義經》疾令菩薩成菩提……一聞能持一切法

令諸眾生得大益……一句一偈能得聞，百千萬億能通達……令諸眾生受快樂……以是因緣成菩提　安樂人文多利益……」

期盼佛法能深入人心，人人能有體悟後，行中有法，人心淨化，則社會祥和而天下無災難。

於二〇一四年參加手語演繹的潘朝亮，曾因健康問題陷入人生的低潮。自飛行員退休後，他正與妻子潘樹金規劃出國遊玩享受人生，卻在大陸旅遊時突發中風，人生瞬時間失去色彩，眼前只剩一片黑白。

在志工接引下，夫妻倆人來到慈濟屏東分會參與見習課程、參加讀書會；也在志工的陪伴與關懷下，鼓勵他們入經藏，參加手語演繹。他們在屏東分會的大愛媽媽研習會認識了潘彩月，夫妻倆人在潘彩月的鼓勵下受證志工。餉潭環保站這塊土地，就是他們響應潘彩月的心願，而發心無償出借的。

由翱翔天空、叱吒風雲的飛行將士，退休後轉任為大愛爸爸，到學校教演靜思語，潘朝亮從奉獻衛國到服務社會，人生不空過。

膝下猶虛、生活優渥的潘朝亮與潘樹金伉儷，覺得自己雖無子女，但至校園教演靜思語故事後，都把學生當成自己的孩子一般疼愛。他們退休後參加志工，生活過得更有意義，可以說是「富中之富」的人。

明天先到、還是無常先到，沒有人能預先知道；但慈濟人在身體力行後，參透無常，體會付出無所求的快樂。藉由奉獻做環保，志工盤點生命的價值，人人都願把握當下，做對的事情；藉由讀書會作人間菩薩大招生，傳揚美善，淨化人心，祈願天下無災無難。

體會風雨無情 環保站成共善造福地

林邊環保站

林邊鄉舊稱「林仔邊」，位於屏東縣西部中段沿海，由林邊溪及其支流沖積而成，林邊溪即自此鄉出海。林邊鄉屬於熱帶季風氣候，終年炎熱，適合種植如蓮霧、香蕉等熱帶水果及植物，因此更有「蓮霧之鄉」美稱。此地居民的產業以農業及養殖漁業為主，但因為超抽地下水，導致了地層下陷的現象。

每逢豪雨，林邊鄉低窪地區淹水災情不斷，尤其以二〇〇九年八月八日「莫拉克颱風」，對當地造成極嚴重的災情，讓林邊前環保站長鄭秋成頗有感觸。他表示，大家要有愛護環境的共識，否則災難來時後果不堪設想；人人都有慈悲心，不忍眾生受苦，當年幸好有來自全省各地的馳援，家園迅速復原，令他永生難忘。

·高齡志工雙手萬能 守護地球不畏懼

「這塑膠袋就是要回收，為何還要用剪刀剪呢？」

「這裡有一張紙……那紙，這麼小張，有關係嗎？」

「不行，這裡黏黏的，這張紙要將它剪下來；剩下的塑膠就是乾淨的，能夠回收，做出來的東西是上級品。」

七十多歲的黃琇金自二〇二一年八月起承擔林邊環保站長，就帶動環保志工剪塑膠袋，手持剪刀慢慢剪。經過處理的塑膠袋不只是乾淨，且賣得的價錢比較高；最重要的是，長者的這雙手被訓練得更加敏捷。

手如果未經訓練，久了會愈來愈鈍，動作遲鈍。但長者志工坐在那裡剪塑膠袋時，會想方設法用頭腦思索：要如何將它拉直，如何剪它？上面有髒汙、有捲到的，又要如何剪它？為了剪到讓塑膠袋上面沒有膠水、沒有黏答答的東西，志工們將塑膠袋逐一乾乾淨淨、仔仔細細地分類，較髒的袋子則放旁邊另外處理。

這種細膩分類，就要依靠兩隻手。因此志工們靠著工作，讓兩隻手更加有力、敏捷，可以很俐落地做許多事情，更加印證了「雙手萬能」的道理。

黃琇金是林邊第一位環保志工，早在一九九六年，慈濟就在她家舉辦環保宣導茶會。二十多年前街坊鄰里對資源回收概念薄弱，居民只管它叫作「垃圾」，黃琇金不在意他人眼光，經常戴

八八風災時，林邊志工切菜準備食材，將提供熱食給災民溫飽。（攝影／湯少藩）

著斗笠、騎著腳踏車，沿著鄉間小路撿拾回收物。初期她會直接賣掉，再把錢捐給慈濟助人，後來東港的沈貴女師姊就會過來載運回收物。

這樣又過了二年，一九九八年時，經由新北市蘆洲區環保幹事陳金海的引介，在林邊鄉長大的林世美，為實踐父親林守行善的理念，無償出借土地。這份良善的力量造就了林邊環保站的成立，一直到如今，環保站守護社區環境，延續物命再利用的精神。

‧淹水頻仍 首重救災訓練與環境淨化

林邊鄉在林邊溪的出海口，因為地層下陷，地勢比較低，所以只要有颱風，就常常淹水。林邊前任環保站站長鄭秋成，同時也是慈濟急難救助隊的隊員，平素的防災專業訓練，造就他特別具有防災意識。

他在自家經營鴻德汽車材料行，店裡存放許多汽車的鐵製零件、消音器、避震器等，全部利用升降梯放到二樓去，因為這些材料一旦泡水，就無法使用了。一樓的地板也墊高三十公分，過去的急難救助訓練，讓他學會隨時防患於未然。

時光一眨眼就過去了，不過對於林邊鄉的民眾而言，二〇〇九年八月八日那天清晨大水淹進家裡的畫面，他們應該一輩子都無法忘懷。那天早上一起床，鄭秋成打開窗戶、發現外面雨還是那麼大，就知道事態嚴重了；他再打開房間大門，探頭向樓下看，樓下淹水了。

當時，鄭秋成立即連絡林邊消防隊的賑災艇，他從二樓陽臺跳到隔壁的屋頂，從那裡走，之後再跳下屋頂；地面淹滿大水，賑災艇已等候在那邊。那時鄭秋成還不到六十歲，膽子正大，先到林邊鄉公所去了解水淹的情況；知道林邊有十個村全部都淹水了，他與鄉公所達成協議，慈濟每日準備八千份熱食供應，避免災民冒險出來找食物。

接下來，鄭秋成每日在林邊國中坐鎮指揮，看到來自全省各地的志工自備打掃用具，搭乘高鐵到林邊來為民家清掃、訪視關懷，真心感動。林邊的鄉親也感念慈濟迅速地提供熱食，以及每日出動大批志工來協助清理

八八風災林邊鄉嚴重淹水，志工在軍方裝甲車幫忙運輸下，深入災區分送熱食、飲水品。（攝影／蕭耀華）

善後，讓眾人的家園很快恢復原貌。

八八風災過後，接引了很多慈濟志工，菩薩從地湧出，有五十多位一起投入環保。村莊回收點也變多了，環保車每次出去，都能載運一大堆回收物回來；回收變得更多了，環保菩薩不怕複雜，不怕骯髒，也不怕臭，抱持一分愛心疼惜資源，慢慢以耐心分類。他們知道，分類的目的不只是疼惜資源而已，最重要的是能夠不污染大地。

為何這麼說呢？我們要了

解，有些回收物即使埋在地下，是永遠不會爛的，例如鐵罐、塑膠，人們只能不斷地將它們深埋在土地裡面，或者是拿去燒，而它們的煙是有毒的，又會造成空氣污染。因此，透過細心的分類工作，才有機會將物品再利用，降低垃圾量。

鄭秋成承擔環保站長二十餘年，平時的環保帶動以及社區防災防範，都是由他親力親為；一直到二〇二一年八月，他才因心臟開刀而卸下環保站長任務。

八八風災時，志工發放便當給正在清掃家園的鄉親。（攝影／黃崑海）

・患難見真情　煮熱食與志工結緣

二〇一七年七月，五十年來首次雙颱尼莎與海棠陸續向臺灣南部襲來，帶來豐沛的雨量，再次造成林邊鄉的仁和、永樂、光林、中林、林邊、鎮安等六個村莊淹水嚴重。雙颱離去後，陣雨仍斷斷續續，來自屏東各鄉鎮與高雄的慈濟志工共二百多人，一大早冒雨前來，在林邊火車站集合，他們為災民帶來了生活包與祝福包，挨家挨戶提供林邊鄉驚恐的災民關懷膚慰與祝福。

自從二〇〇九年八八風災之後，新建的高架化林邊火車站巍峨壯觀、氣派非凡，橋下空間寬敞，適合眾多志工於此整裝分組準備出發。也是災民的志工大隊長蔡秋山與楊麗花賢伉儷，暫時擱下自助餐的生意，特別提供當季最高檔、新鮮味美的筍絲鹹粥，全心全意率領當地志工投入關懷受災戶，令人讚佩萬分。

而蔡秋山與楊麗花之所以與慈濟結緣，則又得回溯到八八風災那一年。

「如果不曾遇過那麼嚴重的災害，一次就夠讓你害怕到永難忘懷！」

雖已時隔十三年，如今回想，記憶猶新。當年八八風災造成林邊溪潰堤，大水淹了有一層樓高。蔡秋山和楊麗花一家人就住在堤岸附近，家中沒水、沒電，左鄰右舍大家全都坐在二樓陽臺，等待水退去，內心充滿無助與不安的情緒。

不只住家，蔡秋山經營的自助餐也被大水淹掉，本來家裡的債務已快還完了，一場水災卻讓他們愈來愈困難；不過，也因為這場水災，他們的家庭生活

志工清洗環保站內泡水的回收衣物，曬滿在環保站前。（攝影／林宜龍）

才開始有了新的希望。

蔡秋山回憶，當時因為淤泥多，水不容易退去；每天都有志工法親打電話來關懷，讓他感覺似乎比自己的親人還親，「慈濟這個大家庭，比我們的小家庭還要溫暖。」

三、四天過後，賴松勇主動帶了幾位志工來協助清理，令蔡秋山感動不已。進到自助餐店裡，發覺所有東西都發臭了，大家卻也不嫌棄，有的人拿圓鍬鏟起淤泥，有的人用畚箕裝東西再拿到屋外，有的人用水沖洗，大家同心協力工作，好不容易才把自助餐店面清理乾淨。

感動於災難中人人互助的那份精神，激發了蔡秋山重新再來的勇氣。過去他與親戚合作投資養蝦事業，負債了五百萬元，日子過得很艱苦；這次災難雖然帶來苦難，但與過去的人生相比，似乎也沒那麼苦了。因為有慈濟法親的依靠，他想說自己一定要振作起來，該設備的還是要設備，要趕快整理店裡，趕快恢復營業。

‧自助餐店凝聚志工 付出中放下得失

一場八八風災，讓蔡秋山對人生的態度轉變了，也因為這場風災凝聚了林邊鄉親，他的自助餐店於是變成慈濟法親的聯絡點，大家來這裡就能了解慈濟近期有什麼活動。吳素慎、鄭千惠、蔡秀玉、蔡宜芳等人都是蔡秋山的香積團隊，平時就會來挑挑菜，聯絡感情。

這些年蔡秋山把自助餐交棒給兒子經營，他與楊麗花半退休，多餘時間都用來承擔林邊環保站的香積志工，他總是自掏腰包購買食材，他說環保志工都是無私付出，因此他也要盡一分心，來跟大家結好緣。

「差別是，在環保站煮就是要跟大家結緣的，在自助餐店，就是說我們要賺錢的。我就一直拚一直拚，我就好像會煩，好幾次也緊張到暈倒，怕做不起來。」楊麗花說，以前為了還債，又深怕生意做不起來，各種壓力接踵而來，讓她常緊張到暈倒；現在她在慈濟付出，放下得失心，讓她很歡喜，常準備美味可口的花生飯糰，嚐過的人莫不嘖嘖稱讚。

八八風災時，環保站長鄭秋成也是受災戶，多年的急難救助經驗，讓他警覺性高，第一時間就與鄉公所配合，發動熱食關懷鄉親，平時專注於環保。（攝影／林宜龍）

清淨在源頭，環保需要從日常生活開始做起，減少物資的浪費，惜福愛物、延續物命，才能真正與地球共生息，並且幫助後代的子孫，能夠擁有自然美好的土地。林邊鄉的環保志工，個個在生活中實踐信念，從環保中落實修行。

遊客上萬　志工守護環境使命

小琉球環保站

「東琉線」的船班不斷往返白沙尾觀光漁港，來自臺灣本島、世界各地的遊客迫不及待地踏上小琉球，想一覽島上明媚的風光與豐富的生態；同一時間，在東南方的大福漁港，有一群人忙著將資源回收物搬上貨船，眼前一袋袋的太空包，正是遊客及居民丟棄的回收物。

小琉球的垃圾需仰賴船隻運送至屏東東港處理，因船運的容量有限且成本高，平時就堆放在島內。身為小琉球子民的環保志工，肩負起守護環境的使命，在民眾普遍將回收物視為一般垃圾的觀念下，就由環保志工撿拾分類並裝袋，彌補了當地清潔隊不足的人力，成為清潔隊最佳的後盾，如此深耕長達三十年之久。

‧因手指斷掉 被迫離開討海人生

小琉球雖然是一個小島，但是琉球人的足跡跑遍四海，舉凡全世界有大型漁港的所在，都可以看到小琉球的漁船。以前它是傳統的漁村，住在這邊的人，大部分都是出海捕魚，陳壽山過去也是討海人，他形容小琉球：「琉球有三多，船長多、校長多、廟宇多。」沒跑船的人就專心讀書，到臺灣去讀書，最後許多人都變成校長了。

陳壽山的祖先同樣是討海人，他自小不喜歡讀書，十七歲開始討海，在海

小琉球的民生物品都要從臺灣運過來，所以紙箱很多，圖為早期整理紙箱的情景，站在紙箱上者為陳壽山師兄。（圖片提供／洪財勝）

上奮鬥十五年，曾去過菲律賓、關島等很多地方。跑船的日子既辛苦又危險，每一次出海，等於是拿生命去拚搏生活。他說，討海人很辛苦，大浪來了，站也站不穩，坐也坐不住，那種在海上的日子，日夜工作拚暝拚日、常睡眠不足，生活枯燥且乏味。

海上生活的辛苦，旁人難以想像，一條船也沒多大，一天到晚吃喝拉撒都在船上，相當苦悶。因此一旦船入港後，不必工作了，大家就是拚命享受、縱情娛樂；有時半年才靠一次港口，他們就享受、放鬆一個星期。

討海人的生活，雖然賺得多，花

小琉球的菩提林環保站是由林新春提供土地，從二〇一四年啟用至今。（攝影／戴敦仁）

費卻也不少。明明有賺錢回來，但是他們賺的錢最後都拿去臺灣那邊花光光，一出去就是喝到醉茫茫，錢一直花，酒一直喝，最後往往賺一百元卻花了一百二十元，入不敷出。

陳壽山在船上做的是「大車」的工作，大車就是船中那臺引擎，要把它顧好，因為這艘船出去，都要靠這臺引擎；若是有漏油等情況，水沒有填滿填好造成引擎故障，船將在海中茫茫渺渺、無法前進。有一次船上作業中，他啟動自動捲繩機把繩子拉上來，速度很快，一個不留神，他的手被捲進去了，手指頭斷掉。因手指使不上力，工作跟不上人家，陳壽山只好退下來，沒再討海了。

陳壽山的家經營家庭美髮，住家和工作的地方就在隔壁，美髮店現在是他太太和兒子在經營。幸好有太太顧經濟，讓他沒壓力，他就負責洗衣服、晾衣服、煮飯，分擔固定的家務事；他說，太太經營美髮站著工作相當辛苦，他要負責做好家裡的工作。

‧改正放浪人生 肩挑守護環保使命

人生就像海浪一樣，起起落落。受傷後，陳壽山做過其他工作，不但去過冷凍廠做工，也賣過豬腳，生活的改變也讓他開始思考，未來的日子要如何過？後來在做志工的過程當中，他找到了自己的方向，個性也變得更加柔軟了。

「知足常樂，知足最富有。」現在的陳壽山體會到，要先照顧好自己，身體力行，才有辦法去兼利他人；只要自己的行為改變了，別人也會看得到。

離開海上的生活後，他重新找到安定的日子。一直到現在，陳壽山仍會去找以前討海的好朋友聊天，回憶以前的事情。他與洪大華、許玉政從十八歲就認識，從年少時期就開始一起喝酒了。

以前一起喝酒的好兄弟，現在則是在一起泡茶聊天，而且他也用自己的改變慢慢影響他們，讓好友們成為與他一起做志工的好幫手。許玉

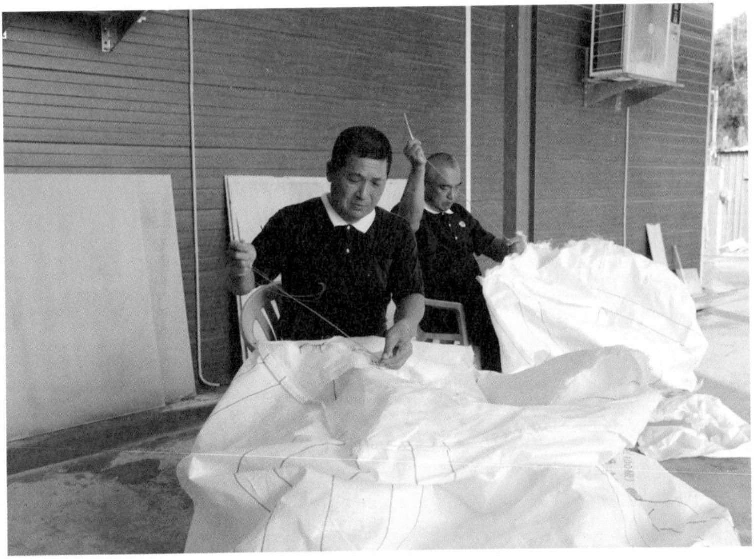

小琉球發展觀光，許多人蓋民宿，遺留下來的太空包很耐磨，洪大華（左一）與許玉政專心縫合太空包，放置定點，讓村民丟置寶特瓶。（攝影／戴敦仁）

政說：「以前跑船時，他們兩個（陳壽山、洪大華）比較聰明，賭博都玩很大，我頭腦不好，都不敢玩；現在看到他（陳壽山）全部改過來，吃喝嫖賭都改掉，就會認同他，我也慢慢戒掉自己的習氣。」

洪大華也表示：「看他沒喝酒了，以前一些有的、沒有的，現在都沒有了。我們現在都三十幾歲了，也知道什麼是好是壞，能否戒掉，只是一個觀念轉變而已。」他們跑船回來都會來找陳壽山，順便與他一起做回收。陳

志工在大街小巷、民宿區都安置太空包，將回收物集中在裡面，方便環保車來載。（攝影／戴敦仁）

壽山亦說：「他們兩個很善良，我若欠人手，跟他們邀約，他們都會來護持。」

琉球發展觀光後，許多人返鄉回來蓋民宿；眼見小琉球的改變，陳壽山慨歎，現在小琉球的三多，已變成「民宿多、機車多、垃圾多」。而小琉球的環保站，以陳壽山為主要聯絡人，志工雖然不算多，但是他們幾位討海退休的志工，堪稱是年輕又有力的生力軍。

當地有一些用來裝石灰爐石的太空包，相當耐磨，他們三個不約而同都想到，就去跟水泥廠老闆要來使用。太空包裡面有灰，會影響志工的健康，以及弄髒衣服；他們三人就把太空包拿到港口去浸泡、洗一洗，有時還用針線將破的地方縫補好。

許玉政指出，太空包太好用了！一個可以抵十個黑色塑膠袋，又不用花錢；這幾年，他們在小琉球的大街小巷，民宿區都安置太空包，讓志工把回收集中在裡面，方便環保車來載。

陳壽山也說，這些年來好在有用太空包，不然有些巷弄太窄小，會浪費載運時間；另一方面車子也比較不會過度消耗，算是節能減碳。琉球有八個村，大大小小的點加起來超過五十點，志工每星期要去巡一次，即使沒有很滿，也是要收要載，載回去環保站分類。

陳嘉賓是遠洋漁船的船長，過去他都將船上回收的東西載回環保站。現在他退休了，負責計算寶特瓶數量，將四百支裝成一袋。環保站晚上怕被偷，他都先載回陳壽山家旁的空地，等累積四萬支後，再用貨船送回臺灣本島。這樣用心，是一份無法計算成本的愛心展現。

‧一場茶會 撒播眾多環保種子

小琉球的環保歷史，最早要追溯到一九九六年大愛電視《路邊董事長》的主人翁林永祥來舉辦茶會；當天的茶會，在琉球生長、後來嫁到高雄的林子鈺，也處身其中。

一九九七年，林子鈺從高雄回到故鄉小琉球，站在海岸邊，她卻開心不起來，舉目所見處處是油污，塑膠袋和保麗龍散落一地，連路上都見得到垃圾。她想起證嚴上人說「用鼓掌的雙手做環保」，下定決心要將環保在自己的家鄉帶動起來。

洪月樓和蔡進明是林子鈺撒播的在地種子。白天，蔡進明忙著幫人安裝排油煙機，洪月樓則踩踏縫紉機為人裁衣；一到傍晚，他們各自拿起夾子與塑膠袋，沿著街邊的垃圾桶翻找回收資源。

「蔡進明開著老爺小貨車充當環保車，我們均攤油錢。有一次坐上車，真的好怕車門突然掉下來；還有一次，我們收紙箱忘了戴手套，一把抓到一坨爛泥般的雞屎，腥臭味久久不散……」洪月樓印象深刻地回憶道。

在琉球鄉公所服務的洪財勝與太太曾珠鳳，同時也參加了一九九六年的茶會。二〇〇五年為了能夠推動資源回收，引領更多鄉親一起做環保，洪財勝自掏腰包購買一臺環保車。他的心念是以環保方便法門，把會眾帶進來，夫妻倆人也利用收善款的同時啟發了許多同事、上班族的會員，共同參與夜間回收的載運工作。

夫妻倆憑著一顆愛護地球不退轉的心默默付出，他們的鄰居林新春看到了，也自動加入回收工作。林新春因婚姻生活不和睦嚐盡苦頭，做環保讓她轉念學習付出，珍惜先生身體健康，讓她更無後顧之憂；心態改變後，她的家庭重新有了笑聲，先生也護持她做環保。

林新春投入環保，她說讓她體會最多的一點是：「臉要笑，嘴要甜，腰要軟」，才能將正確的事做到更好。

•菩薩船護航 貨輪成環保回收船

「就地取材」與「善用資源」是現行小琉球環保站的首要特色。這裡，是琉球地區接引志工與菩薩大招生的福地，目前以寶特瓶為主力分類工作，也兼做紙類、紙箱與容器等分類，擔負起小琉球海島環境的守護工作。

由於小琉球的地理限制，回收分類好之後，回收物還需借用貨輪載回臺灣本島；曾經因貨輪運費太貴，小琉球的回收中斷過一段日子。後來幸好得到貴人黃地芳相助，事情有了轉機。

在東港出生、往來小琉球五十餘年的黃地芳，外表長得像慈祥和藹的「肯德基爺爺」，慈濟人都喊他一聲「地芳叔」。

地芳叔對慈濟卓越的貢獻讚賞不已，亦念念不忘、時常提起一段往事：「一九九七年賽洛瑪颱風侵襲高屏，上人帶著志工在東山寺發放物資，當時我媽媽和阿姨都有去幫忙……」

林新春抱起整理好的寶特瓶交給在車上的陳壽山排列整齊，準備運送到港口交付貨運船運送到東港。（攝影／戴敦仁）

因此，聽聞慈濟做環保受到阻滯，黃地芳豪氣說道：「慈濟回收物，我不收運費，並將費用捐給慈濟。」有貨輪協助載運回收，大大減輕了小琉球的垃圾負擔。

小琉球每日都有成千上萬的遊客湧入小島，垃圾回收量相當可觀。環保志工人數雖不多，約有二十多位協助回收分類，但他們秉持守護環境的使命，堅韌恆持環保精神，不僅讓人情溫暖和善，街道變乾淨，小島景致也變得更美了。

回收雨水再利用　宣導環保教育

里港環保站

里港鄉位於屏東縣西北端，北鄰高雄市美濃區，東隔新南勢溪，南直連九如鄉，主要特產為檸檬、蓮霧、西瓜、香蕉、木瓜等農產品。志工許圓於一九九二年從里港鄉潮厝村的一個空地開始做環保，歷經鐵店村、玉田村直到承租河堤旁的空地。

由於河堤旁的環保站沒有遮蔽物，只有簡單地用回收堪用的物品來遮陽蔽雨，每當下雨時，滿地泥濘，舉步維艱。終於在二〇一七年五月十四日里港共修處啟用後，新的里港環保站也成立了，繼續深耕社區、接引志工，同心協力做環保愛護大地。

‧貧困生活練就堅韌力　把握因緣做環保

早期農耕社會，臺灣民間有童養媳、養女習俗，以增添人力。里港環保站站長許圓，出生在澎湖，自幼被賣到同村夫家當童養媳，讓生母有一筆安家費可用，自此展開艱苦的童養媳生活。年逾七旬的許圓回憶，養父母家境不好，她在十六歲時賣掉僅有的一只金戒子，與丈夫渡海到里港依親三叔，從此落地生根。

落腳屏東後，許圓在三叔家幫傭，她先生則幫三叔開拼裝三輪車載貨維生。隨著三名子女陸續到來，生活的擔子益加沉重，夫妻倆人決定創業，借錢買了一輛三噸半的貨車，胼手胝足，才有了自己的貨運行。出生貧戶的許圓，走過這段艱苦歷程，特別關心處身社會陰暗角落的人們。

一九八九年許圓從朋友口中得知慈濟以克難精神推動慈善工作，對花蓮靜思精舍法師「一日不作、一日不食」的精神感到非常敬佩，於是加入慈濟會員。一九九〇年證嚴上人呼籲做環保，許圓便和同鄉陳玉心、陳燕絨、莊卜鳳成為屏東地區的環保先鋒隊。

除了從家裡做起，她並開始帶動社區做資源回收與分類。許圓初期用機車穿梭大街小巷載回收物，但里港地區砂石車很多，有次砂石車呼嘯而過、帶來一陣旋風，她連人帶車差點被吹到路邊水溝裡。驚魂甫定的她決定要學會開汽車，安全又可以載運更多回收物。

因為家裡開貨運行，學會開車後，許圓把自家一輛三噸半貨車作為環保專車。她帶動資源回收的範圍愈來愈大，除了里港鄉以外，她的環保專車也跨過里港大橋，跨越荖濃溪到土庫去帶動

未重建前的里港環保站，只架著簡單的帳篷，克難地做環保。（攝影／陳穎茂）

宣導。一九九六年八月賀伯颱風來襲，雖然吹斷了里港大橋，但許圓未懈怠，繞道改走里嶺大橋到旗山，再從旗山折回來到中和村、三部村、土庫國小一帶載回回收物。

許圓深耕社區、推動環保觀念，許多上了年紀的老人家一早去農耕，肩上不忘背著空飼料袋，沿路撿拾垃圾一直到田裡，農忙完再一路撿回家，資源回收的同時，不忘清淨家園。

‧環保不分年紀　阿嬤志為大地園丁

里港有一位莊卜鳳阿嬤，見到人就是一句：「阿彌陀佛！」這裡的人都知道，社區若是缺志工，問她就對了，因為她做環保已經三十年。

莊卜鳳阿嬤的先生長期臥病，阿嬤為了減輕先生的痛楚，都會叫他念阿彌陀佛，就這樣變成口頭禪了，阿嬤一邊照顧先生，一邊做志工，長達十多年，後來先生往生，莊卜鳳阿嬤就全心做環保。

「師姊，你開卡慢ㄟ。」莊卜鳳有一回搭環保車去河床溪底收環保，結果，開車回來時正逢下雨，貨車輪子卡在坑裡、開不動。這時，莊卜鳳開始念起大悲咒：「觀世音菩薩慈悲助我……」。

司機許圓也念道：「上人慈悲……」，兩人各自祈求。由於莊卜鳳一直專注念著大悲咒，許圓聽了，心愈來愈安定，慢慢地，車子就順利啟動了。

阿鳳阿嬤原本不識字，全是靠著錄音帶背誦經文，同時也學認字；她買臺語錄音帶，請購經書，錄音帶播放時，她也跟著念，念久了就會。

阿鳳阿嬤每天的例行工作，是在客廳禮佛：「佛祖慈悲功德無量，阿彌陀佛，我早上要去做環保，向佛祖告假，阿彌陀佛！」再轉左邊向上人法相敬禮：「師父，阿彌陀佛！」阿嬤說習慣了，平常就是有時時說「阿彌陀佛」的習慣。

阿嬤今年雖已九十四歲，騎腳踏車就很「勇」了。她的腳踏車後面綁著籃子，一邊騎、還會一邊唱著：「垃圾，垃圾，唔通黑白倒；鄉親啊鄉

里港鄉舉行媽祖遶境，志工受邀宣導環保理念，並協助掃街維護環境整潔。（攝影／吳宗民）

親，大家來做環保。」來到便利商店就說：「店家，阿彌陀佛，我來收環保囉。」來到理髮師傅這裡也說：「阿彌陀佛，我來收環保。」

理髮師傅形容阿嬤：「我認識阿嬤三十年了，以前她在賣水果；現在收回收都是給慈濟幫助人，很令人敬佩！」阿嬤也說：「做久了，他看了就會感動，然後就會疼我，他有的東西都會留給我。」

還有一家青椒工廠，工廠的回收物都是由阿嬤在收，五天就來載一趟。工廠老闆有時會說：「這些青椒您載去給環保站的人吃！」「絲瓜載去給環保站的人吃！」阿嬤都會說：「阿彌陀佛！」工廠老闆還說：「環保志工都是做有意義的事，我的農產品都讓你載去，這樣好不好？」

志工正確設置寶特瓶、塑膠、紙類、鋁罐、鐵罐籃，讓民眾實際分類。（攝影／吳宗民）

阿嬤又會歡喜說道：「阿彌陀佛！」

阿嬤在住家旁，利用兩根電線杆拉上「佛教慈濟基金會資源分類回收」的布條，載回來的環保物用塑膠袋一袋袋綁好，堆疊在兩根電線杆中間的空隙間。若堆滿了、環保車沒來，阿嬤也不催促，就把塑膠袋再往裡面推，就又有了空間。

阿嬤說，以前日子過得很窮，她多做一些好事，看看下輩子能不能好一點。上人也說過，時間不要浪費，要身體力行，要行菩薩道。因此，若是沒有身體力行、行菩薩道，阿嬤就覺得很慚愧；相反地，來做環保讓她覺得有成就感，「做就對了！」

・建置雨水回收系統　省水又省電

「下雨開心，缺水不慌。」雨水的使用很重要，除了「善用」——規劃雨水回收系統再利用，此外就是「回歸自然」——讓雨水能滲透、回歸

二〇一六年里港環保站動土，志工虔誠祝禱，期盼工程順利圓滿。（攝影／王凰美）

地表，以涵養地下水源。人類的生命中少不了水，我們若不愛惜水資源，一定會發生缺水問題；而保護水資源，一定要人人在生活上處處用心。

新的里港環保站有一百一十坪的土地，同時規劃了雨水回收池。落下的雨水灑滿環保站的屋頂，經過隱藏在屋簷內的落水管，匯集到蓄水塔中，再經過三道過濾井，沉潛至水窖內；含有塵埃雜質的雨水，就會被過濾成乾淨清澈的水質，再隨著親水渠道而下。源源不絕的雨水，就此循環再生不斷。

地球缺水情形相當嚴重，善用雨水是開源良方。環保志工聽從上人教導，想方設法，循環利用水資源；滴落大地的雨水，經過到環保站的雨水回收系統後，都成了「再生水」。許圓回想以前的環保點，每逢下雨天就會積水，連路都不好走；但雨水回收池建置好以後，地上積水的狀況就不復見了。

儲存的雨水透過澆灌系統，可以噴灑澆灌環保站的花草綠地，還可以洗手套、清洗物品；沖廁所的時候，因為水壓很大，再也不必用馬達抽水，真正做到了節能減碳。

• 全家一起做環保　從小教育慈善助人

任職屏東縣警局的呂珩是個不煙、不酒、不賭的人，加入慈濟後，他就把原本看電視的時間，拿來做更有意義的事情，例如做環保、做慈善。

呂珩的三個孩子自幼常跟著爸爸、媽媽蔣秀俞到環保站做環保，那時他們都把分類、拆螺絲帽當作遊戲，認真的態度真讓人讚許為「環保小尖兵」。如今小孩們都已讀大學了，依然常在環保站看見他們的身影，還會跟著環保車載回收物呢。

病苦真的是最苦，二十一年前，呂珩二女兒才二歲、正牙牙學語時，因感冒導致腦炎，插鼻胃管，身體都僵硬了，躺在床上就像植物人一樣，令呂珩感到無比心疼。後來雖然二女兒在鬼門關前被搶救回來，奇蹟似地清醒，卻還是傷到了腦部，讓呂珩和蔣秀俞這對父母心中有說不出的愧疚和煎熬。

呂珩想起證嚴上人曾說過：「父母為孩子操心、擔憂的情形，時有所聞！其實，父母給孩子應該是關懷，而不是溺愛。真正的關懷，是要設法使孩子自立、認清人生正確的道路。」他心裡想，孩子身體健康最重要，不會讀書沒關係，只要開心就好。呂珩並決心要為孩子植福，更加投入慈濟的慈善工作。

「這個菜要切二段，來！看媽媽怎麼切，才不會切到手。」

環保車剛載回回收物，站長許圓（右二）等人正等候著。（照片提供／公傳組）

二女兒讀特殊教育班，逐步學習生活自理能力，在家裡是媽媽的好幫手。媽媽蔣秀俞把她帶在身邊慢慢教、慢慢學，剛開始也會不放心，怕女兒切到手、或是用火發生危險，但試過幾次後，她發現女兒愈來愈穩定，就開始放心讓她做了。現在二女兒就讀大仁科技大學餐飲科，訓練她做菜，將來就可以開素食自助餐店。

「這個報紙要先對折，角對角，要壓平。」

到了假日，呂珩就帶著全家人一起到環保站做回收。二女兒始終跟在媽媽身旁，慢慢學習，安靜地做著動作；老大是個男生，有時就會跟著呂珩開環保車到社區去載回收物。在環保站裡，大家就像家人般的相互寒暄著、讚美著，隨時提醒著彼此多喝水、用點心，感情相處融洽，充滿數不盡的快樂記憶。

這樣的溫馨感情連結，也影響了呂珩的大兒子，他現在是慈濟大學的研究生，發願以父親為榜樣，慈善助人。呂珩原本是警察人員，他的工作就是保護人民生命財產，如今做環保，也是保護地球不受毀傷；全家人在他的帶動下，個個成為環保志工，夫妻同行菩薩道，兒女跟著努力付出，「慈濟家庭」緊密相繫，令人稱羨。

環保種子，扎根社區讓菩提林立

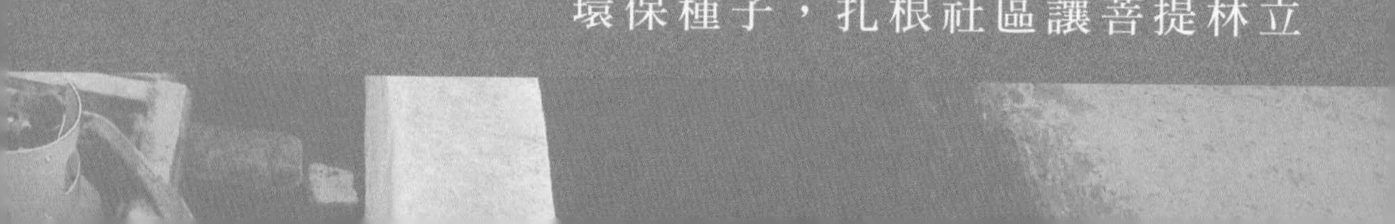

親

檳榔園變環保站 恁ㄟ好所在

內埔環保站

內埔鄉地處屏東平原之上，地勢平坦，為屏東縣人口第三多的行政區，僅次於屏東市、潮州鎮。內埔鄉早年是一片茂密的森林，是排灣族的領土；客家先民先在森林中間開闢出一片旱田，客家話稱為「埔」，又在密林內，故稱「內埔」。

內埔鄉內的昌黎祠，是南部六堆客家文化的象徵。內埔客家人的祖先，大多是來自大陸嶺南，韓愈被尊稱為「嶺南師表」，因為他曾經被貶到潮州當刺史，任上提倡儒教、大力興學，對地方的貢獻很大；為了紀念韓愈的恩德，並不忘中華文化傳統，客家人的祖先遷移來臺後，便建了昌黎祠。

正因內埔承襲客家人「篳路藍縷，以啟山林」之開拓精神，民風勤勞節儉，格外能體會及實踐慈濟「一日不作，一日不食」的要義。

・檳榔園豬舍 變身環保清淨地

「一日不作，一日不食」是慈濟已經堅持超過五十六年的理念，更具體實踐在每日生活。花蓮靜思精舍的常住師父，從一九六四年至今做過二十多種手工；德慈師父曾在《慈師父講古》提到：「拚命在做啊，白天耕作，晚上做

二〇〇三年有一群環保志工用心摺疊報紙，人人專注工作，時間悄然而過。（攝影／謝國志）

手工，趕工的時候還做到晚上十二點……」

一九九一那年，古美貞的先生以齒模為業，資深志工劉德妹都到古美貞家鑲牙，閒談時，劉德妹提到她要去花蓮靜思精舍。

古美貞好奇問她：「您去花蓮做什麼？」

劉德妹回道：「我要帶乾淨的飼料袋回去給師父們做手工、糊水泥袋用。」

那是古美貞第一次聽到慈濟。後來她看到劉德妹每天早上四點多推著手拉車，在內埔的大街小巷撿回收，就把情況告訴先生，兩人都覺得不捨。適逢古美貞剛考到駕照，先生於是買了一部中古的小貨車，一方面讓古美貞學習，一方面也順便幫忙劉德妹載環保回收。

一開始，古美貞跟著劉德妹做環保時，當地的社區都還沒有環保站，資源就暫放在劉德妹住處旁的空地。但二、三年後，這塊空地被地主要回，她們就再另找地點；沒多久，新的地點又被地主討回……如此反覆更換地點，前後達五次之多。

環保站原本是一片檳榔園，現在是環保道場，讓志工做環保、心清淨。（攝影／張玉梅）

古美貞的大哥古文香看到志工為了做環保找不到固定的地方，就決定將祖產檳榔園及豬舍提供給志工使用。他們砍去檳榔樹，整理場地搭建環保教室，所有的建材都來自「九二一大地震」慈濟援建大愛屋圓滿階段性任務後，志工拆卸回來使用。從二〇〇三年啟用至今，就一直由古美貞承擔環保站長。

開始做環保後，古美貞最大的改變就是二十年來不曾再買衣服。以前年輕愛打扮，現在她覺得「環保牌」就很漂亮了；她外出買東西都拿環保袋來裝，因為了解塑膠袋對地球造成的威脅，自己先從生活面作好親身示範，就是對他人最佳的環保宣導。

•讓長者在環保站健康生活

無常示現，二〇〇七年古美貞的先生因大腸癌往生。當時，古美貞已進入慈濟學習佛法，了解因緣果報的道理，忍住悲傷處理完先生後事，就全心投入慈濟慈善志業。她想到證嚴上人曾提到：「落實社區，讓老人家有機會可以做環保，我們有環保道場，讓他們可以心清淨，志同道合」，決定用心耕耘社區。

「早呀！來載回收了。」滿頭白髮的古美貞現年已七十二歲，開了三十年的環保車，動作卻俐落不輸年輕人；環保車在社區大小巷弄穿梭自如，手提一袋一袋的寶特瓶往車上堆，整齊排列好，還拿起大條橡皮筋爬上爬下地把回收物綁緊，避免它們因車子行進而摔落。這一切工作不輕

古美貞站長的媽媽林水蘭雖已九十八歲，天天推著輪椅走路來到環保站摺疊報紙。（攝影／曾彥儒）

鬆，她卻笑笑說：「做三十年了，駕輕就熟。」

古美貞的大姊古富貞，行善也不落人後，雖然已七十九歲了，仍然每天騎著腳踏車來做環保。她說：「孫子大了不在家，白天家裡沒有人，又不喜歡跟人家說話，不如來做環保，既不會造口業，又可以做功德。來了就找工作做，做整天，做什麼都好，趕快做，每項都做，功德是自己的。我都做十幾年了，每天快快樂樂的，這樣多好。」她覺得做環保讓她心情好，不會煩惱，亦不會胡思亂想。

古美貞與古富貞的勤奮精神，感動了母親林水蘭。高齡近一百歲的林水蘭，每天早上七點多，就推著輪椅慢慢走到環保站，沿路還會招呼左鄰右舍：「有空嘸？來做環保，功德是自己的。」

來到環保站，林水蘭都是用手折疊報紙並壓平，她還說：「做好事，神明就會保祐。我每天來做環保，歡歡喜喜，一天過一天，日子很好過，這樣就好了。人生要怎麼說呢……好的很多，不好的也很多，不能比。年輕時實在是辛苦，做得沒日沒夜還沒得吃；現在老了比較好命，不用做又有得吃，要感恩！」

・積極推廣蔬食 義賣挹注善款弭災疫

內埔環保站有一排大樹，樹蔭高大、涼風徐徐，沁入心田。除了古美貞的家人，左鄰右舍的鄉親也紛紛響應做環保，像溫順嬌、黃財妹、謝楊貴英、曾停妹、莊翁滿妹、陳素美等，都是超過七十歲的長者，年老含飴弄孫之餘，環保站成為鄉親們的最佳去處。大家都覺得做環保，愈做愈身心健康、愈歡喜，晚年生活也過得更加有意義。

林玉梅八十多歲，早年跟著劉德妹一起回收。環保站成立後，她就承擔了香積志工，每天推著手拉車去市場買菜，煮好吃的素食料理來跟環保志工結善緣。她說：「每天都有這麼多人來做環保，我花一點錢，購買食材煮給大家吃，大家歡喜，我也高興。」她認為錢就是要善用才有意義，心清明，任何事都會做得快樂。

內埔環保志工陳瑞雄師兄與郭靜香師姊，騎著三輪車大街小巷做回收。（攝影／謝國志）

後來林玉梅感覺自己年紀大了、動作遲緩，於二〇二一年卸下香積職務，但仍每天拉著手推車沿路收回收物，並留在環保站剝瓶蓋，分秒不空過，把握能做時。

古美貞則接下林玉梅的棒子，承擔起香積工作，輪流與其他志工一起顧好環保站內的大灶。這個古早味的大灶，用它來煮三百人份的餐點，恰到好處，掌大鑊的志工曾光榮，拿起大鑊來絲毫不輸給年輕人。他說：「大灶火候不容易控制，可是煮菜比較快，煮出來的食物也比較好吃。」

菜好吃、人熱情，古美貞除了照顧環保站內的志工，也積極向外推廣蔬食。上人曾開示：「要救地球，人人非素不可，善的力量，需要更多人一起來帶動，力量才足夠。」面對這一波新冠肺炎疫情的威脅，上人更一再呼籲「慈悲」、「不殺生」及「茹素有益健康」的理念，透過大家一起祈禱，喚起大家對於生命的重視。

古美貞考量到現代社會「少子化」，年長獨居的人口更顯普遍，或是兒女平日要出外工作及就學，只留長輩獨自在家，需要有人關懷及陪伴。

因此，她與屏東社福團體合作，藉由共餐的方式，讓環保站裡的長輩也能進入人群、接近團體，認識同年齡層的朋友，彼此關懷閒話家常，共同營造「樂活」、「健康」、「服務」的氛圍。

內埔環保站裡有個大爐灶，是用枯樹枝取火，溫飽志工的胃。有時志工也會煮粽子義賣，捐助災難，發揮大效用。（攝影／王清山）

每到共餐日，志工就進進出出地穿梭，為社區長輩張羅美味的素食饗宴！這些雖然只是家常菜，卻贏得許多長輩的心。

也因為環保站有了這個大爐灶，連續幾年下來古美貞都發動「包粽子義賣」，費工費時的粽子，除了洗粽葉、炒料、包餡，還要熬煮，卻包著志工們的心意及滿滿的關愛。參與義賣的人很多，訂粽子的人也很多。

煮粽子時，大灶燒的是燒著果樹修剪下來的枝幹，驅動八個大鍋呼嚕、呼嚕蒸騰著熱氣，都是志工們生生不息的愛心與生命力。大家從活動中體會，看見災難想要盡一分心力，動手做永遠不晚！

巧手編織　讓物命再延續

九如環保站

許金柱、許美雪、許美蓮、許美杏四兄妹走入慈濟後，對慈濟各項志業非常投入。當聽到證嚴上人呼籲「做環保，就是要惜福、惜物、延物命，讓資源能夠不斷重覆使用」，四兄妹就開始拾起別人丟棄的物資；許美雪並提供自家農舍旁的毛豆場成立九如鄉洽興環保站，邀慈濟會員一起來做環保。

「德不孤，必有鄰。」有道德的人不會孤立，必定有志同道合的人來親近他；善良的許美雪深感幸好有慈濟，從黑髮到白髮，讓她一生不虛度。九如環保站成為社區道場，發揮社會功能，接引會眾成就菩薩道；因此環保站吸引了一群質樸有愛心的人，發揮潛能，惜福愛地，付出自己的良知良能。

• 從年輕到白頭 引家人走入善門

許家第一個接觸慈濟的人是許美雪，鄰居邀她繳新臺幣二百元做功德。她心想，兩百元就能做這麼多善事，除了自己繳，想著「做人不能太自私，好事要報給大家知」，於是她也告訴兄弟姊妹、親朋好友一起來參加。

初初做慈濟，許美雪常聽人念叨，說她頭殼壞掉，做工賺錢不會自己花，都捐給慈濟，簡直是走火入魔，還邀兄妹一起作伙頭殼壞掉！美雪也不怕被潑冷水，只要有機會，逢人就講慈濟、募愛心，邀人來做環保。

她收功德款時順便告訴會員，自己回收後載到環保站，功德自己得；如果讓他們去載，功德一半是他們的。會員們聽到後，一一自動把回收物載到環保站，省下不少人力與油料。

「我這麼愛做慈濟，我都跟人說，臺灣幸好有上人，如果沒有上人，臺灣會這麼平靜嗎？我們真的很有福。」滿頭白髮的許美雪訴說著。她也提到自己的法號是「慈宿」，有人告訴她，這是與上人累世結的好因緣，今生才能成就師徒之緣。

一九九一年開始，許金柱、許美雪、許美蓮三兄妹出車出力相招做環保，由許金柱開著小貨車到定點載回收物，再載回洽興環保站堆放。

‧鄉民事業有成　回饋捐地造福鄉民

歲月如梭，轉眼十年已過。到了二〇〇一年，一直在臺北從事律師工作的九如鄉鄉民陳國堂想要對社會有所貢獻，就將老家的椰林地捐贈給慈濟。他說：「想來想去，送給慈濟最有意義，因為慈濟人會帶給鄉民好的潛移默化。這樣做，既是替鄉里造福，也是為子孫積德！」

二〇〇六年，九如共修處成立啟用後，為了讓更多鄉親能參與資源回收，從中體悟愛物惜福的心，許金柱提議將洽與環保站遷移至九如共修處，利用其後方二百六十坪土地設置環保站。本著延續物命的精神，他們尋找可回收再利用的環保建材、實用且耐用的素材，減少成本，同時不浪費地球資源。二〇〇六年十二月三十一日清晨四點整，志工以朝山來祝福九如環保站落成啟用至今。

許金柱與太太許陳款是常駐志工，每天固定到共修處巡視，遇有會眾參訪，許金柱熱心介紹共修處的緣起與一

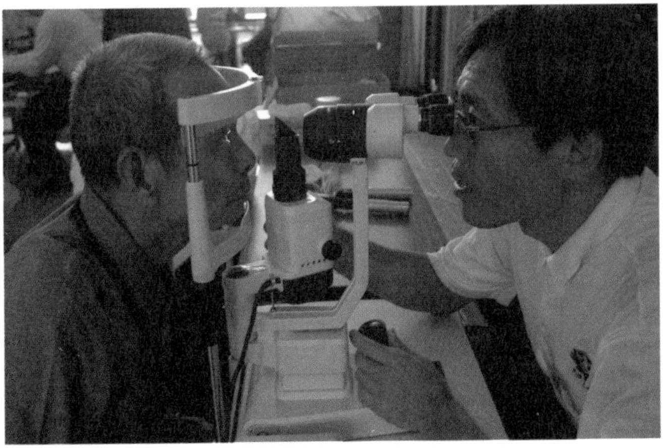

高屏區慈濟人醫會眼科溫國宏（右）為環保志工檢查視力。（攝影／莊建銘）

景一物。若遇上心情鬱悶的會眾，他常會舉出佛典故事印證現代人生，親切的解說與引導，讓他廣收會員，幫助不少社會弱勢者。

他們一家人的個性、觀念和做事方法相近，所以一起做事彼此配合得很好。兄妹們除了推動里港九如的工作之外，還攜手到高樹鹽埔帶動環保志工，都是許金柱開著他的貨車去載回收物。他說他永遠記得上人說過，做慈濟就像是參加接力賽一樣，在跑道上要與接棒人合作無間，才能成事。

環保站固定於每月第二個星期日為資源回收日，志工將寶特瓶裝袋綁好。（攝影／吳宗民）

・小愛化大愛 放下掛念祝福先生身自在

星期日清晨六點，破曉時分，當人人都還沉浸在休假的美夢中，有一群環保菩薩們，已相約來到環保站的廚房忙碌著；有人蹲在水龍頭下，讓水湍湍地流著，正在清洗粽葉，有人正在洗糯米，廚房裡有人正在切香菇備著材料。

許美雪把做慈濟當成人生目標，此外處處投入的，還有她的兩個妹妹許美蓮與許美杏。從年輕做到老，歲月在他們臉上刻畫的是幸福與智慧，一有付出機會，姊妹攜手同行。許美蓮說：「上人在說，疫苗經費缺很多，我們是不是能來幫忙？」許美杏馬上接著說：「環保站現在在義賣，我們也是要來發揮功能，我姊姊發起，我就來配合。」

內向害羞的許美蓮，為了要做慈濟，努力練膽量跟眾人結緣。為了載環保回收物，她還特別去學開車。在鄉下地方，其實要推動環保沒那麼簡單，美蓮親力親為，一個地方一個地方地去關懷、去鼓勵，用心地耕耘，讓她和眾人結下好緣。

許美杏是家中排行最小、也最得寵愛的，能夠順利走慈濟路，美杏很感恩婆婆的護持。因為她的先生菸癮重、戒不掉，很晚才接受志工培訓，上人很歡喜夫妻同修做慈濟；可惜先生才上兩次課就因狹心症暈倒送醫，不治往生。

美杏聽到上人開示，「要把妳的小愛化為大愛」，才讓她得以克服先生突然往生的打擊，放下掛念，祝福先生自在如風箏、飄到他該落地的地方。原本覺得自己遲鈍又優柔寡斷的美杏，也在慈濟逐漸找到了自信，且更加知福、惜福。

‧百年茄冬樹遮陽　萬能師兄成依靠

九如環保站有一棵老茄冬樹，高聳入雲約一百五十歲。這棵樹高十四公尺，碩大筆直，枝葉茂盛，樹下環境整潔、舒適怡人，四周巨石環繞，是天然的椅子。在樹下乘涼或運動，常有涼風吹來，花香草香隨風飄至，沒有烏煙瘴氣的交通、令人神經緊繃的噪音，也沒有鼎沸的人聲，堪稱散步休閒的好地點。

梁金福自二〇〇七年承擔環保幹事一職至今，他形容自己：「默默地付出、靜靜地做，我就是這樣做就對了。」無論是鋤草、修剪花木或是環保分類，他都當成自己的事。他是在「九二一大地震」時感動於慈濟人的無私付出，之後投入慈濟，在做中學習，日日過得充實自在；他覺得能為這個大家庭付出，是最幸福的事。

許金柱師兄將塑膠、寶特瓶類整理成一袋袋，排列整齊。（攝影／吳宗民）

林勇師兄示範拆解喇叭旋轉門鎖。（攝影／張錦連）

梁金福平時販賣紅豆餅，每天都會來環保站，不論是整理花草，或是修繕機器，全部無師自通。他說：「自己自修，小樣的東西如果要換，自己換，不用再花錢。」他的體魄強健，在環保站負責敲打馬達、整理銅線，只聽聞他的鐵鎚敲擊聲「鐺～鐺～鐺～」，旁邊堆放的是一桶敲打工具。他說：「打這個比較費力，還有特別的眉角，師姊沒有力氣敲，我比較適合做。」

個性單純的曾麗玉，在兒女長大後，結束麵攤生意在家含飴弄孫。媳婦邱芬琪成為慈濟委員後，接引她到環保站幫忙做香積和環保分類的工作。環保站落成啟用的隔天是元旦假日，她一樣騎著腳踏車出現在環保站，投入分類工作；她愈做愈有興趣，從早到晚，歡喜付出的身影從未間斷。如今曾麗玉拆解電器類的工夫，堪稱一流。

她說：「若要生活幸福快樂，就必須去掉煩惱，去煩惱的良方就是做環保。我在做分類時，頭腦中想的只有：這是玻璃、這是寶特瓶、牛奶罐、紙類、鋁罐、鐵罐……，都不會想到其他事，就不會有煩惱。」專注做環保的過程中，她學會少欲知足，日子就能過得很快樂。

‧志工巧手藝 環保帽廣結善緣

「這頂帽子好漂亮，是在哪兒買的？」環保志工戴著美美的環保帽在豔陽下分類，大家無不嘖嘖稱奇地詢問著。陳麗珠平日在大發工業區從事進口五金生意，至今已製作數百頂環保帽，與人結緣。

蔡昌儒師兄向親子成長班學員介紹如何分類回收物，分享瓶瓶罐罐紙電一三五七的環保口訣。（攝影╱吳宗民）

平時倘若能隨時隨地搜集被丟棄的鋁箔包，就可取十六個來製作草帽形狀的環保遮陽帽，或以九個製作鴨舌帽；把回收物品製作成為美觀實用的帽子，成為環保志工們相當讚歎、又不可思議的巧思。

不過，在製作過程中須先把鋁箔剪開，洗淨、晾乾之後，取出模子，描繪剪出圖形、打洞，再取出髮夾穿過回收綁金紙用的塑膠繩，把打洞後的葉片頭依形縫製，展開帽沿再另外縫製接在頭形邊緣；鴨舌帽的作法則比較簡單。

而製作手提袋則可使用鮮奶盒子，用模子剪成約十公分的正方形，打洞之後以十字形縫製相連成長方形籃面，籃底另外縫製後再連接籃面，最後縫上提把繩索後，即成為實用的手提袋子。

看到親手製作成一頂頂的環保帽、環保袋子紛紛出爐，環保志工們內心感到無比的興奮與感謝。「我覺得很有成就感！」陳麗珠表示，無所求的付出就是最快樂的事。

許許多多環保志工，在環保站找到自我生命的價值，因而改變了人生；而這些動人的故事，仍然每日在各個角落持續上演著……

在環保站付出 陪伴長者慢慢變老

佳冬環保站

接近清晨，天邊已呈現一片魚肚白。佳冬環保站站長張桂櫻與李桂鴦開車慢慢駛近鄭幸家門口，只見鄭幸早已等候在此。

「阿母敖早！我來載您囉。」

「感恩喔！來上老人班唷。」鄭幸笑咪咪地回應。

佳冬環保站的特色，就是有一群七十到八十歲的年長環保志工，二十年來風雨無阻做環保。二〇一五年十一月佳冬環保站成立屏東縣第一個樂齡學堂，每到上課的日子，張桂櫻就開車沿路載送志工來上課。她說：「雖然忙，可是看到老人家笑容滿面地迎接我，我就很喜歡，這是我最愛的。」

在樂齡學堂，王雅惠師姊教長者動手做竹蜻玩具。（攝影／郭秋蘭）

・老人家快樂 我就快樂

二〇一七年證嚴上人在屏東歲末祝福感恩會中期勉年長的環保志工，因應社會上愈來愈多長者罹患失智症，上人鼓勵大家不要受到年齡的限制，認為自己已經年邁無用，而是要在心態上超越年齡，以實際行動繼續投入環保，預防失智。

「一根手指頭，變、變、變成毛毛蟲，二根手指頭，變、變、變成小白兔……」「伸出您的雙手摸摸頭，摸摸肩膀，放下來，重覆，再來一次。」

每個月舉辦的樂齡課程，並結合慈濟人醫會來為環保志工、樂齡學員健診，藉由活動讓長者動一動，也學習讓身體更加健康的各種知識，最重要的是身心靈都能達到充實飽滿。

像是高齡七十九歲的鄭幸，因為參與樂齡學堂而記住不少健身之道，例如穴道按摩，她說：「我們有時小病，比如頭痛，老師就叫我們按哪一個地方，按一按很有效呢！如果暈倒了，就要用兩隻手的中指按人中；若是頭痛，就一直打中心，不要太大力，打四十九下。」

志工在肚皮畫上大臉，逗趣的表演讓長者笑開懷。（攝影／郭秋蘭）

在樸實的農村中，長輩還會下田務農；但畢竟體力有限，也不能做得太累，就當作在運動。像鄭幸早上五點多會去學校操場走走，做一些體操，她說：「樂齡學堂有教怎麼做體操動一動；我在家就一直懶惰，骨頭都不行了，但人家說要活就要動。」

活動中常需要準備餐點給長輩，志工洪秀慧都會先去挑選食材，買回來炒看看，看是否適合老人家吃。她說，「老人家牙齒不好，吃東西比較慢，要吃比較軟的東西。」有外來的會眾，平日不是吃素的，洪秀慧也會針對他們的口味設計菜單，讓他們覺得素食很好吃、很健康。

佳冬臨臺灣海峽，居民以養殖漁業為主，年輕人謀生不易，大都往外地發展；留在家鄉的獨居老人多，也有夫妻倆互相作伴的。為了讓長者安心來上課，張桂櫻貼心地想出好方法，讓長者多帶一個餐盒來，活動結束了，就可以拿回去讓老伴用餐。獨居長者多帶一個餐盒回去，晚上就不用再開伙了。

老人家都很盼望來上課，鄭幸高興地說：「桂櫻比我的女兒還孝順，都叫我要吃飽。」張桂櫻也分享：「我自己也在向老人學習，我以後也會老，要先快樂起來。所以人家問我會不會累，我都說不會；我喜歡讓人家快樂，那是讓我最開心的事。」

・做中得歡喜 忘卻悲怨人生

張桂櫻一九七三年在飼料工廠與先生結識結婚，並產下一女一子。天有不測風雲，幸福的日子僅有十年；一九八三年某天，先生在飼料廠裡不慎被機器攪拌而意外往生。她陷在失親的痛苦中，還不時傳來鄰居的惡言惡語：「她是掃把星、剋夫。」為此她把自己封閉起來，十年不跟外界往來。

妹妹張足櫻為姊姊感到不捨，有時會拉著她往外走走，想轉換她的心情；妹妹並幫她繳交慈濟功德款，想為她造福，因而與慈濟結緣。一九九四年，張桂櫻搭乘遊覽車到花蓮靜思精舍參觀，聽到資深志工在

志工身穿寶特瓶製作的環保衣物，上臺展示大愛感恩科技的環保織品。（攝影／陳穎茂）

車上分享她們的故事後，非常感動。她心想：「有人的遭遇比我還痛苦，而她們都走出來了，而且這麼快樂。」

更大的心靈衝擊是回到精舍後，精舍師父跟她說：「要常常回來，要回來吃飯，不要在外面吃，這裡是妳的家。」張桂櫻感動莫名，覺得已經找到自己的家了，那是她躲了十年之後、真正心裡渴望的。

當時剛好上人在推動環保，她疑惑道：「可是環保我又不會做……」師父就回答：「你可以

志工準備豐盛的料理與長者們圍爐，提前感受年節的氣氛。（攝影／郭秋蘭）

來高雄小港參觀，那裡有一個環保站。」

回去之後，張桂櫻騎摩托車去小港觀摩，看到好多企業家彎下腰做環保，她心想：「人家可以，我為什麼不行？」她從小港拿了一個推廣的旗子背回來，當天就插在她家門口，開啟了佳冬第一個環保點，那是在一九九四年。

回收物愈來愈多，一九九九年她弟弟幫忙向鄰居借了一塊將近三百坪的空魚池做環保，離她家也近；二〇〇二年地主要收回土地，當時她聽了瞬時傻住，心想怎麼辦呢？熱心的洪陳招霖看到她的憂慮，積極騎著機車四處奔走，經不斷努力終於發現佳冬國中對面的一畝荒廢魚池很適合，就帶她去看地；在組隊戮力下，二〇〇六年新的環保站誕生。

回顧佳冬環保站的歷史，自一九九四年到今日還在運作，屹立不搖，洪陳招霖的功勞也很大。敦厚質樸的洪陳招霖，總在清晨忙完菜園的工作，隨即做回收；起初她都將回收物送給拾荒者，只是單純想讓鄉里乾淨而已。

後來洪陳招霖的姑姑楊陳銀妹告訴她：「慈濟在做資源回收，讓垃圾變黃金，黃金變愛心。」從此她就加入慈濟資源回收的行列中。一九九九年起，她每天騎著機車拖著推車，穿梭在佳冬大小巷道中，撿拾可回收的鐵鋁罐或塑膠瓶，再送到環保站堆放。

在洪陳招霖「好康兜相報，功德大家做」的號召下，佳冬環保站裡的張蓮妹、邱董芹、曾八妹、鍾枝葉、王龍鳳、楊春蓮、劉潘明妹、郭新妹、龔張月梅和王侯玉娥等，一一經由她相繼邀請而加入環保志工行列。

• 我需要你的力 你需要我的口

一九九五年暑假，患有輕度智能障礙的邱瑞堂來到張桂櫻的公司工讀，那時他才高中一年級。阿堂的工作原本在廠房，後來被調到與張桂櫻同一單位。一下班邱瑞堂就去釣魚場釣魚，還會把釣到的魚帶到環保站送給她，但都被已吃素的張桂櫻拒絕，因為她聽從上人的話：「尊重生命，長養慈悲心。」

張桂櫻下班後總跟媽媽在環保站做分類，見邱瑞堂來，就順口叫他做回收。阿堂起初的反應是「不要」，他說：「做這個又沒錢！」但張桂櫻還是鼓勵他，不時邀他來幫忙一下，慢慢地他會留下來，開始有了起步。

一九九七年某日，張桂櫻的媽媽完成資源回收、正準備搭車前往屏東文化中心參加上人的幸福人生講座時，突然心肌梗塞往生了。

當時環保站都無人去整理，張桂櫻卻看到阿堂下班就過去。等母親後事辦完，阿堂跟桂櫻說要替阿嬤做回收；他開始叫桂櫻「阿母」，桂櫻也都向大家說，阿堂是環保站回收的孩子。從此，阿堂承擔起佳冬環保站所有定點的回收工作。

阿堂在張桂櫻的陪伴下一起參與慈濟活動，張桂櫻視他如親兒子般照顧，讓不大會說話、不太敢接觸人群的阿堂，因為慈濟，人生有了大轉變。張桂櫻還自掏腰包買了一臺錄影機，並帶他去找錄影志工戴敦仁，學習錄影。

「你現在是全景，那你下一個畫面，就要換作特寫或是近景……」戴敦仁指著電腦畫面，耐心指導阿堂。因為阿堂不識字，戴老師剛開始只能從基本的動作教起，包括自動拍攝、對焦等，一切慢慢來。

戴老師稱讚阿堂，「他的優點就是勤快！」這也印證了上人法語，「只要懂得珍惜時間，將生命發揮得淋漓盡致。」戴老師記憶深刻，二〇〇九年「八八風災」夜晚下大雨，八月九日佳冬災區大淹水，很多人出不來；八月十日接到大愛電視電話，提到國軍開水鴨子去救災須補拍畫面；結果中午他就接到阿堂的電話：「老師，我拍好了，接下來要怎麼辦？」

戴老師說，他常常接到阿堂這樣的電話；總是在眾人預期之外，他就是拍得到好畫面，留住歷史性的重要鏡頭。

平日因為要上班，阿堂每天四、五點就一個人去載回收，七點再去上班，二十多年如一日；他加入人文真善美志工行列也已十多年，常可看到他拿著錄影機穿梭在各項活動中。

阿堂爸爸說：「好在有乾媽，不然這孩子不知道會變成怎樣？可能被壞人帶著就亂跑了。」桂櫻媽媽補充道：「二十多年來，阿堂變得跟我們當初想像和看到的都完全不一樣了，能力增長

遊戲融合環保觀念，將回收物資組裝成綠色使者，激發孩子的創作能力。（攝影／王佑華）

很多。」

有人覺得阿堂的轉變是不可能的任務，然而他不負桂櫻媽媽的期望，翻轉人生，也懂得捨時間、捨體力，在付出中掘出生命寶礦。張桂櫻自己也從哀怨的人生走出來，在環保站重新找到生命的價值；她說，有一天她也會老，所以她更要向長者學習，學習「慢慢變老」。

樹蔭下的環保站 克難精神永不退

鹽埔環保站

鹽埔鄉位於屏東西北方，主要經濟作物為蔬菜、水果、花卉；其中以酸酸甜甜的土芒果最著名，是高屏地區產量最大的農產品。鹽埔鄉陽光炙烈，環保站卻是露天，在太陽下做環保，可想而知有多麼炎熱了！但環保志工如何甘之如飴呢？

一九九六年，陳寶任在他家地磅旁的空地，將回收物放置於樣樹下，就成了鹽埔鄉最簡約的「環保站」。志工如何克服酷熱的太陽呢？有人說戴斗笠、早一點來，有人說戴帽子，只要高興來做都不難；大家甚至覺得露天的空氣流通、涼風徐徐很舒服，從不喊苦。

•緣深不怕緣來遲　勤做環保趕進度

陳寶任的妻子陳王能緣，家中經營地磅生意，所以慈濟人都暱稱她為「地磅師姊」。

環保站的一排芒果樹是最美的風景，在樹下做環保，涼風徐徐好清涼。（攝影／黃煒傑）

志工用心回收，休息時享用美味的素圓，顧佛祖又顧肚子，相當歡喜。（攝影／林美瑜）

未做環保前，陳王能緣身體一直在生病，再貴的藥買來吃，也沒有效果；某次聽到講經：「我們的業障如果太重，藥吃下去第一帖有效，病況稍好；第二帖吃下去，還有一點效果；到第三帖吃下去，原本那些病源又回到我們的身體。」

王能緣聽了覺得：「啊！這不是在講我嗎？」「業障重怎麼辦？」後來，又聽人說：「若業重，要去拜大悲懺。」「我就去佛寺拜啊，而且每次都有布施，這樣也拜了四年。」拜了四年的大悲懺，她還是無法擺脫病痛的折磨。

後來應里港阿滿師姊邀約回花蓮，聽到上人開示：「人若年紀大了，就像那漁網一樣，丟很遠、拉快一點，來追別人還追得上。」陳王能緣疑惑：「這是什麼意思？我聽不懂。」資深師姊陳玉心向她解釋道：「意思是妳年紀大了，所以做功德要快一點。」

那是王能緣第一次去花蓮，回來就開始「趕進度」做環保，二十多年來每日不輟，她心想：「做環保真好！沒煩惱、真輕鬆，這樣一直做……身體很健康。」當年正值屏北高中興建工程時，她與呂寶林去回收廢鐵及其他資源，常因回收量大，忙到忘了吃飯時間，她也不覺得餓，其精進、勤奮的精神，令人感動。

王能緣的兒子在二〇一五年往生，她的媳婦李淑芬因思念無法走出悲傷，最後因王能緣的一句話：「慈濟才是妳最大的依靠」而轉念。二〇二一年七月王能緣辭世，仍心心念念環保志業，並叮嚀李淑芬、黃鳳足、黃鳳英三人要持續接引志工做環保；她真的是人品典範，大家想到她無私付出，都豎起拇指讚歎。

• 環保尖兵好用心 堅持做對的事

一九九三年五月三十日，屏東分會舉辦第一場環保回收日，也開啟了屏東的環保回收工作。當時，陳王能緣與陳林和治即開始在屏東縣鹽埔鄉鹽北、鹽南、振興等三個村子做資源回收，再用摩托車載運到陳林和治姊姊家空地放置，直到一九九六年陳王能緣獲得先生陳寶任同意，提供他家地磅旁約一分空地，檨樹下成了最簡單的「環保站」。

環保站成立初期，志工大都以機車載回環保站集中，再由呂寶林用他的貨車載回屏東分會。考量油料費及節省人力，決定將回收物就近販售，再將所賣的錢交回屏東分會。慢慢地，當回收量愈來愈大，以摩托車載運愈顯吃力，陳王能緣與志工發心籌措十六萬元，買了一輛中古小貨車來運載，呂寶林即承擔司機的工作。

形體最瘦、付出的精神與體力卻是最重量級的呂寶林，從一九九四年開始做環保。他的小貨車都負責載運鹽埔及新圍的師姊們，到屏東做福田與環保；鹽埔環保站成立之後，他還是當然的司機兼捆工，只要是扛粗重

王黃瓊儀整理水果套袋，這些套袋都摻雜著樹葉，需要人工一一卸除掉，廠商才願意收購。（攝影／黃煒傑）

資源回收物的工作，非他莫屬。

呂寶林目前帶著有智能障礙的鄰居孩子小偉（化名）做環保，已有四、五年。這孩子天天開心跟著呂寶林做資源回收、茹素，無形中增長智慧，現在也較能用話語來表達他的意思，他的家人也肯定這樣的善報。謙卑又靦腆的呂寶林，二十多年來，對於做環保只有一句「付出無所求」，道盡他無私奉獻的菩薩心念。

經營美髮院的黃鳳足，在接引客人做環保時會說：「彎個腰就像拜佛真的很好，環保可以淨化地球、淨化我們的心。若跟你說做環保的好處，你只能意

志工將有顏色、標籤、髒污的部份剪掉，留下純淨的部份，回收價值高。（攝影／林美瑜）

會、不能體會，但如果親自來做，你會更有感！」她以自身為例，剛做時也是全身痠痛，且身為小兒痲痺患者，竟然能夠站在那裡工作，連她自己都覺得不可思議。

在外面站一整天做完環保後，回去還要做家事；為了成就志業，黃鳳足做家事一樣用心，讓先生無話可說。她謹遵上人的叮嚀，「要把家裡顧好，去到外面別人才不會障礙你」，讓志業、家業、事業都歡喜圓滿。

黃鳳足也跟姊姊詹黃鳳英在村子裡掃街。兩人每月一次，帶著七人小組志工在村子裡掃街、順便做環保，每次都掃到雙手起泡。兩人後來合資四千元訂作了一個推車，讓掃街、做環保的工作更加得心應手。

・大樹下 清淨道場愛綿延

「師父要跟大家說話了，大家趕快坐在樹下。」

大愛電視「人間菩提」曾於二〇二一年報導陳王能緣的故事，提到證

一年一度的感恩餐會，感恩志工無私的付出，溫暖人心。（攝影／林美瑜）

嚴上人於二〇一〇年十月八日在鹽埔環保站大樹下，看到一群志工菩薩在那裡做得很歡喜。那一塊土地上有很多大樹，村莊的菩薩都發心來做環保；看著每一個人沒有是非，所談者都是好人好事、聞法說法，互相勉勵，彼此讚歎，充滿感恩，真是一片快樂淨土。

當時，老菩薩都包圍著上人說：「感恩喔！」

上人回覆：「是師父要感恩你們，師父呼籲做環保，大家就伸手去做。」

他們又跟上人說：「不是喔，

師父，是我們要感恩您。如果沒有慈濟世界，哪有環保可做呢？是師父給我們一個道場，讓我們在這裡修行。」

還有老菩薩說：「我們其他什麼都不會做，我們不會寫，也不會說；我們就在這裡做我們會做的。」

上人則告訴他們：「你們一支瓶子、一支瓶子收來，將所有東西分類，這每一個動作就是在寫字，寫出了很美的環保菩薩的心聲。這每一個字都很美，你們的笑聲，就是在傳法說法，你們在這裡大家甘願做，歡喜受，歡喜做，甘願受。」上人的話語讓大家笑聲連綿。

上人又說：「你們是真修行，是清淨的菩薩道場。現在眼睛看到是不是很清涼呢？師父也在樹下，很清涼很歡喜。師父就是要這樣的境界，感恩菩薩。」

那時，坐在樹下聆聽的黃世華因罹患憂鬱症，痛不欲生。她看見上人的慈悲而開始做環保，一開始全身疼痛，後來愈做愈不痛、也愈不累。做環保後，她的藥也不必吃了，志工邀約上課或訪視個案，她都很樂意開車載送大家。因為有了上人的法，以前終日以淚洗面的她，走出躁鬱，重拾往日笑顏。

入會三十多年的慈濟會員李陳秋煌，二〇一七年先生往生後，她天天看大愛電視，覺得閒來無事、乾脆來做環保，也讓自己心情開朗一些。她說：「做環保身體都不會痠痛，愈做愈歡喜。」孫女李莘茹在耳濡目染之下，也學阿嬤做環保愛地球。

在鹽埔環保站這排大樹下，志工每日都很早就來做環保，一邊乘涼、聊天，一邊聽聽上人的法，感覺內心無比歡喜。環保站小小一分地，卻凝聚了無數志工的心；他們不怕沾染髒汙，只怕汙染大地，無私奉獻，一心傳承環保精神。

魚塭成福田 環保尖兵老而彌堅

東港烏龍環保站

東港位於屏東縣西南靠海，因為它也在高屏溪的東邊，所以稱作東港，要去小琉球都須在此坐船；這裡也是東港溪的出海口，清朝時已航運發達，相當熱鬧。

一九九九年，洪正雄當時是美髮工會理事長，在太太郭桂美與張錦綿「軟繩牽牛」（臺灣俚語，意指指導頑劣者必耐心以對，不能操之過急）的溫言勸說下，開始協助載回收。起初，他只是半推半就地加入；久了，看到太太和張錦綿放下身段，做到連蟲鼠爬上身都不怕，加上自己人脈廣，就努力擴增環保點，愈載愈多，成就感也愈大。

‧聽某嘴大富貴　護生不殺生

三十多年前，郭桂美住在臺中的姊姊，因女兒罹患急症在中興醫院急救，印順導師發動募款幫忙；此後，郭桂美一直想報答恩情。當時印順師公說：「臺中路途遙遠，妳想要回饋，就回到屏東去回饋。」於是她加入慈濟，既無法承擔寫字，就承擔香積跟環保。她笑說：「一開始我是拖著三輪車，就去東港和鹽埔回收，光是賣了三十元便好高興！」

白天她經營美髮店，下午四、五點就帶著點心，跟著張錦綿等志工搭上四

烏龍環保站原本是魚塭，地主洪正雄將魚塭填土，用來做環保，於二〇〇五年啟用至今。（攝影／蔡蓉旭）

處借來的環保車到林邊、佳冬、南州這幾個環保點載回收；大夥兒沿路聊天、就像郊遊野餐般有趣。志工之間感情綿密，她曾經做到深夜十二點多才回家，先生洪正雄不諒解，還把她鎖在門外。

洪正雄個性正直剛烈，有話直說，倆人經常起爭執；郭桂美想度他進來慈濟修正習氣，與人結善緣。

一開始做環保，她去借了一輛廂型車載志工，請他來當司機，從東港沿路收，收到新園環保站就收了十八人，從二〇〇一年到二〇〇四年共四年時光。後來洪正雄被倒會後，他感悟，賺到身邊的錢又流出去，代表善事做得不夠，不如多做一些善事福留子孫，於是開始全心投入慈濟。

洪正雄原本購置了一個魚塭養蝦、石斑及鱸魚，面積約四分半。二〇〇四年受證後，郭桂美說：「你這樣一年殺死好幾十萬生靈，遵守十戒別再殺生了。」聽從老婆的勸告，他決定將魚塭填土作為環保站，東港烏龍環保站於二〇〇五年四月正式啟用，透過環保站廣邀人間菩薩行善，一起用雙手讓地球更乾淨。

現在的洪正雄，髮眉灰白，面容就像彌勒佛般慈祥。他以環保站為家，清晨三點就起床，開環保車在社區穿梭載運回收，或是卸下回收物堆疊整齊，一切駕輕就熟。

證嚴上人曾說：「社會的祥和就是要心中有法，把心靈的垃圾、無明、不好的念頭，一定要從內心掃出去，不要有不平衡的心態，我們要吸收善念，臺灣善與愛為寶。」洪正雄與郭桂美兩夫妻，不只身體力行做環保，更致力心靈環保，引法水入心，從付出中改變習氣，做到身心環保。

洪正雄髮眉灰白，面容就像彌勒佛般慈祥，以環保站為家。（攝影／蔡藜旭）

・環保酵素功效驚人 留下乾淨地球

環保站後側有一大片菜園，自二〇一五年水利局道路拓寬工程將環保站內縮後，就將後側魚塭填平，另增加一棟組合屋為環保酵素培育處，並擴充原有的菜園面積。菜園裡的植物不僅持續用環保酵素澆灌，也日夜聆聽佛號聲長大。果然環保酵素功效驚人，蔬菜葉子片片碩大，也縮短生長時間、更快收成。

作了六年的隊長和環保幹事，楊坤池積極推廣健康養生保健課程，希望志工都擁有健康的身體。他同時推廣以酵素保護環境，因為酵素用途很廣，可以作液肥清潔劑、除臭防蚊等，因此他將防蚊酵素推廣到全屏東各環保站，希望志工免於被蚊子叮咬。

楊坤池並製作了近四千桶的環保酵素，送到苗栗慈濟茶園，作為有機肥料，成為最佳土壤改良劑。

而製作酵素堆肥，只須善用家庭所產生的廚餘，吃飯剩下的蔬菜果皮，都可以拿來運用。大多數的有機垃圾都來自家庭廚餘，透過處理有機垃圾來製作環保酵素，等於從源頭減少將被運輸到回收站的垃圾。

郭桂美悉心講解著環保酵素的製作過程：「要看你所使用的容器大小，依照十等份比例放；水填滿容器的六成，加一份黑糖、三份生蔬菜葉果皮，填滿容器的八成，最後關緊瓶口，發酵三個月即可使用；第一個月需每天稍微打開瓶口放出氣體；若能發酵六個月以上最好，愈陳愈醇。」

現在疫情再升溫，環保站有自種的有機蔬果，就不用擔心蔬菜被感染的問

環保站大都有工廠的生產線，讓志工站著分類，比較不會腰酸背痛。（攝影／蔡藜旭）

題；有機耕作的健康蔬果，為環保站志工提供更多健康與營養。自從知道了酵素的益處，郭桂美就使用環保酵素於站內的有機蔬菜園。酵素可將土壤所含的化學元素分解成肥料，同時成為加速植物吸收營養的催化劑。

此外，酵素裡的酸母菌能消毒，容易溶解，用來作為洗碗精、沐浴露或洗髮精都可以。使用環保酵素能減輕家庭開銷，特別是作為家庭清潔劑，可減少化學品的使用，以天然材料過更健康的生活。

郭桂美一邊用稀釋的酵素施灑在菜園朵朵碩大又青翠蓊鬱的大陸妹上，一旁又見藤架上攀爬的紅番茄閃耀著光彩，顆顆鮮豔欲滴，令她感受到酵素的好處多多，能減少垃圾量，改善環境清潔；她也更加努力宣導製作環保酵素，期待為子孫留下乾淨的地球。

‧人人都有功課要修 能做才是福氣

林春梅笑容滿面地拉著手推車穿梭東港下頭一帶的身影，讓附近街坊

江麗秋師姊整理不要的菜葉入廚餘桶，準備做環保酵素用。（攝影／林美瑜）

鄰居都對她做環保的熱忱如數家珍，堪稱該社區人人熟知的慈濟代表人物，更是多年來東港殷實不退轉的環保老兵。

二十多年前，林春梅因為隨著叔侄輩小姑去沈貴女家繳功德款，師姊邀她一起來做志工，進而走進慈濟，從清掃社區街道做起。她看著許多可回收的瓶瓶罐罐和紙類被任意丟棄，覺得很可惜，就開始投入撿拾回收工作。

一九八八年她曾因照顧公公至孝被媒體報導，加上熱心與肯做事的態度，鄰居後來就聘請她看護

環保站後方有菜園，郭桂美用酵素來澆菜，蔬菜葉子片片碩大。（攝影／戴敦仁）

臥床的長者。長年以來，她白天都是從事照顧行動不便者的工作，只能利用清晨或夜晚工作之餘，穿戴起圍裙、帽子就推著她特地訂製的手推車出門，撿滿一車就推回家堆放，再繼續出門撿拾。

她形容自己：「我很會流汗，常常走一、兩趟衣服就已濕透，邊撿回收，也順便清理街道，看到社區乾淨整潔，心裡就很開心！」

早期遇到認識的街坊鄰居，都被笑說是傻子。但她總是笑臉迎人打招呼，有機會說上話的，就跟他們講自己編的四句聯：「做環保，咱們地球清淨真正好；做環保，子孫致蔭有福報⋯⋯」聽久了，大家覺得她說話有趣，也很健談，就開始有人幫她留回收了。

經過她不斷在街坊講環保，慢慢地很多人都同意把地方提供出來當她的環保小點，讓鄰居拿回收來堆放；隨著她一車車推回來累積的回收物，家裡狹窄的巷弄再也放不下了，春梅就跟自家對面空屋的屋主商借車庫一角落，再用廢棄的漁網圍起來，就成了她回收的集中點。

每週六下午，方明順會開著環保車進入春梅家的狹窄巷子內，熟稔地將車庫早已分類捆綁好的回收搬上車。「她這裡的回收每個禮拜都堆滿一屋子，光要從裡面搬出來就不容易，還要堆疊上車，這都要靠經驗才能裝得下、載得完。」他邊說邊調整堆放的角度。

未做環保前，方明順是以捕魚為業，二〇〇一年初識慈濟，因上人一句話：「入我門不貧，出我門不富」，就結束三十幾年海上漂泊的生活，與妻子黃英秀投入環保。他平時打零工為生，妻子則擔任清掃工作，收入雖不比從前，但投入環保後，夫妻倆感覺內心踏實而自在。

林春梅為了有更大的空間做分類，也能安置她的手推車，九年前又增闢了東港好環保點，每週五晚上都會有一群社區媽媽來站著分類，而她又繼續拖著手推車去載回收。

五年前，春梅的身體檢查出腫瘤，經過治療、休息沒多久，她又開始繼續穿梭街道為環保付出，她說：「生老病痛是人生的功課，人人都要自在面對；現在自己還能健健康康地繼續做，才是福氣。」

臺灣一群七、八十歲的長者，走過貧窮的日子，更加珍惜生活的安定。遵從上人所說「做環保是撿福」，走過大半人生，體驗過生活的歷練，讓他們更懂得生命的靜好，不嫌髒，不嫌臭，默默付出餘生去做愛護地球的事，因為他們說，「做環保是令人安心的事。」

萬丹街仔頭　做環保感念慈濟情

萬丹興化廊共修點

萬丹鄉位於屏東西南方，地處屏東平原，全鄉地勢平坦。清朝時期的幾大渡船口皆在萬丹轄區內，進出的人口眾多因而逐漸繁榮。有一說法萬丹地名是來自於「萬舟雲集」，成為屏東平原上第一個「街市」，故有句臺語古諺「屏東古早係阿猴，萬丹係街仔頭」說明萬丹的起源。該鄉農作物以紅豆聞名，素有「紅豆的故鄉」之美譽。

萬丹是臺灣最大的紅豆產地，這幾年有很多農民採取自然農法，沒噴農藥、落葉劑，維護生態環境，也種出品質一等一的紅豆。紅豆是很好的食材，具有高蛋白、高纖維，脂肪含量比較低，鉀離子含量也滿高的，是極富營養價值的豆類食品，也是茹素的最佳食材。

‧進校園宣導新制回收　教育往下扎根

二十年前，張春來與陳鳳珠原本家庭生活幸福美滿；但天有不測風雨，人有旦夕禍福，誰也沒想到乖巧的二十一歲大兒子，猝然車禍往生，白髮人送黑髮人，情何以堪！

他們賢伉儷在人生最黯淡無奈的谷底遇見慈濟，也重整人生的方向。陳梅花得知他們的故事後，就帶領志工前往關懷，並於二〇〇四年帶他們到萬丹環保站做環保；剛好當時缺少環保車司機，熟諳駕駛的張春來便毅然承諾司機一職。

二〇〇五年，興華國小陳春如校長注重環保教育，親自來張春來府上拜訪；他們兩人被校長的誠意感動，就利用每週三上午六點半到七點半，與洪桂蓮、李春足等志工一起前往興華國小做定點新制回收，並且以靜思

八八風災後，後村村民利用每週二晚間在大廟埕做回收，報答慈濟情。（攝影／林炎煌）

語卡片獎勵學生。他們到校園做晨間環保十五年，一直到二〇二〇年因新冠肺炎疫情而暫停，現在只維持每週二次進校載運回收物。

興華國小學生家長務農居多，為了愛地球，志工希望學生力行環保分類，學習做人處事的方法，從小學習靜思好話來端正行為。每週三，志工一大早來到學校川堂布置靜思語學習天地，放置靜思語卡片、籤詩及玩具來獎勵學生；學生帶來回收物資可以抽取靜思語籤詩，並加蓋印章換取點數，累積點數，則可以換取喜愛的玩具。

「人要知福、惜福、再造福。」一位學生抽到靜思語，陳鳳珠為他解說含意，他立即表示在家要做環保來造福；另一位學生抽到「自己害自己，莫過於亂發脾氣！」他說自己好喜歡這句靜思語，因為他常常亂發脾氣，同學都不跟他玩，籤詩說中他的困擾，令他驚歎：「好神奇喔！」

「一步錯則步步錯；一念善則事事造福。」學校負責環保的鄭君儀老師歡喜地說：「志工教學生做環保、又教靜思語，我們都很感謝志工們的用心，而且學生也變得比較乖。」

•八八風災水淹全村　後村民齊心廟前回收

喪子之痛，是人生至痛，但張春來與陳鳳珠接觸慈濟後，化小愛為大愛。隨著進入校園宣導環保教育，為了記錄活動留下足跡，張春來也學習錄影專長；從二〇〇七年起，他騎機車前往一、二十公里遠的慈濟屏東分

志工剪下寶特瓶蓋環並壓扁。（攝影／林美瑜）

會向戴敦仁老師學習錄影技巧，承擔起記錄工作。二〇〇九年的莫拉克風災與二〇一〇年長治大愛園區興建工程的四個月中，都可看到他背著沉重的錄影機作紀錄，如今已記錄了許多慈濟活動及志工的事蹟。

二〇〇九年的八八風災，造成萬丹鄉十多村水淹到一樓高，村民躲到屋頂等人來救。隔天早上慈濟人煮點心、作便當，把熱食送到災民的手中；災民感受到志工的溫暖，做環保來回報，回收物都交給慈濟。

「各位村民，大家晚安！晚上慈濟在我們村大廟埕做資源回收，我們家裡面若有資源回收的東西，拜託現在拿出來大廟這邊。」後村響起黃昌茂村長的廣播聲，村民紛紛拿起自家的回收物，帶領著孫兒走向大廟埕做環保。

想起當年的災況，水淹約一百五十七公分高，黃昌茂村長哽咽地說：「風災後的重建，不管是物資的發放或是硬體的建設，都得到慈濟的幫助；慈濟非常的溫暖，我是以建設慈濟村的理念來回饋，在大廟前設『後村社區資源回收站』，一方面感恩慈濟，另一方面讓社區更乾淨。」因為感動而化作行動，後村眾人很熱絡地形成一股善的力量，志工也藉由做環保來關懷他們。

‧讀書會開班　做環保學佛法更歡喜

新鐘環保點二十來位環保志工，一大早五點半便陸續抵達環保點各就各位，做分類的冗雜工作；雖然回收物並非完全潔淨，難免有令人避之唯恐不及的味道，大夥兒卻樂在其中，唯恐做得不夠多。可貴的是，做完環保之後有人趕去上班，有人則準備參加上午九點的讀書會。

環保場地得來不易，志工都很珍惜。新鐘環保站能夠順利成立，要感謝郭金華站長的堂三嬸婆陳蔡阿快女士，她於二〇一二年初獲悉，自二〇〇四年五月至二〇一二年五月運作的萬丹環保站，將因土地路權問題被迫停業，需盡速另覓環保站，隨即爽快無償提供土地作為環保站。志工有地方可就近做環保，都義不容辭盡力配合，唯恐自己做得不夠多。

新鐘環保站的運作方式是，每星期一清晨由李福財、洪玉屏、潘順良、簡允棟、簡昌德、郭金華與社區志工等，分別開車到各小定點載回收物回來，再於星期二早上分類。貼心的師姊們擔心志工一早出門沒吃早點，現場都備有早點；住高雄的潘機利偶爾返回萬丹老家，一早就會來採班，每次來都不忘帶來大包小包的點心，犒賞志工。

大學日語系畢業的李福財，曾任職日商公司，未退休前就放下身段、

李福財、洪玉屏賢伉儷自掏腰包興建教室，提供社區志工讀書會及晨間環保，共善共行。（攝影／林美瑜）

利用夜間開環保車，一眨眼已有十八年。他愈做愈歡喜，在自家土地與太太洪玉屏興建屋宇、採購電腦，當作新鐘社區讀書會的場所。

洪玉屏平時會開車載著吳靜怡、潘彩月前往高雄分會參加呂美雲老師主持的讀書會，深感受益。她心想，從讀書會了解佛法與慈濟世界是何等重要的事情，倘若在社區成立讀書會，在地接引會眾讓更多鄉親從中認識佛法與慈濟，進而做志工，是極具意義的事情。

「有志者，事竟成。」李福財、洪玉屏賢伉儷自掏腰包興建的教室，終於在二〇一九年四月四日落成，作為讀書會場所，也完成夫妻倆的心願。有一位最年長的菩薩沈阿燕阿嬤，與上人同年出生，從外表卻看不出已經八十五歲，她做環保從高雄做到屏東，不知不覺已經有十二年。她說，做環保很快樂，而參加讀書會讓她了解慈濟、認識佛教，使她的人生更加充實圓滿。

・發心立願說慈濟 身體力行做環保

上人曾慈示：「我們要發心立願，見人說慈濟，我們走慈濟路做慈濟事，所以大家要發這樣的心，立這樣的願，一生無量，無量從一生。身體力行，我們讀《無量義經》，我們是在路上走的，我們的行動，我們的說話，要多發出我們的聲音來呼籲人間，很多人在等大家去度，大家時時要發心立願。」

年關將到，潘機利（左1）與哥哥潘順良（中）帶來發糕，慰勞環保志工。（攝影／林美瑜）

二〇〇七年六月，張春來亦在老家祖厝設立「崙頂打包點資源回收」，打包帶都是他從四十多家牧場載回來的，並邀約鄉親一同來分類回收打包帶，用鼓掌的雙手齊心護大地。每星期五早上志工聚集，用心分色整理回收打包帶，至今已有十五年。其中，陳鳳珠用心的付出還感動了妹妹陳鳳琴與陳鳳雪，她們也相繼投入環保，令人讚佩。

心念一轉，人生大不同。潘機利過去的事業以營利為目標，走入慈濟後，慢慢戒除習氣，為

每週五早上，崙頂社區打包帶回收站，志工聚集分色、整理打包帶。（攝影／林美瑜）

人群奉獻；他也接引了哥哥潘順良，不但加入環保的行列，還把賺錢的檳榔樹拔除，改種營養價值高的紅豆。一顆顆飽滿的紅豆，不只是溫飽肚子的食材，也能是溫暖人心的大愛，每逢國際間發生災難，慈濟發動捐助購買疫苗、援助烏克蘭等等，他就義賣紅豆，挹注善行。

紅豆達人潘順良常常聽到上人說要關心水土保持，不要種植檳榔樹；原本種檳榔的他心中總是感覺不踏實，就在二〇一一年毫不猶豫地撤掉三甲地的檳榔樹。他說，現在工作比較忙，但是他做得心安理得，心裡覺得比較不會有虧欠，對社會有幫助；畢竟種檳榔對社會沒有幫助，而且會影響人們的身體健康。

隨著時光數度更迭，如今萬丹環保站、興華國小定點新制回收、後村大廟埕環保點、新鐘環保點相繼步入歷史。環保幹事潘順良積極尋覓新點，找到由陳昭雄與陳汝津家族提供的興化廊共修處後方，於二〇二〇年八月三日啟用。

「若全家作夥攏來做慈濟，福報就延續生生世世。」祥和的社會、亮麗的社區，都是來自於好心好願的好社區。萬丹街仔頭志工說慈濟、做慈濟，歡迎人人加入慈濟志工的行列，一起讓社區亮起來！

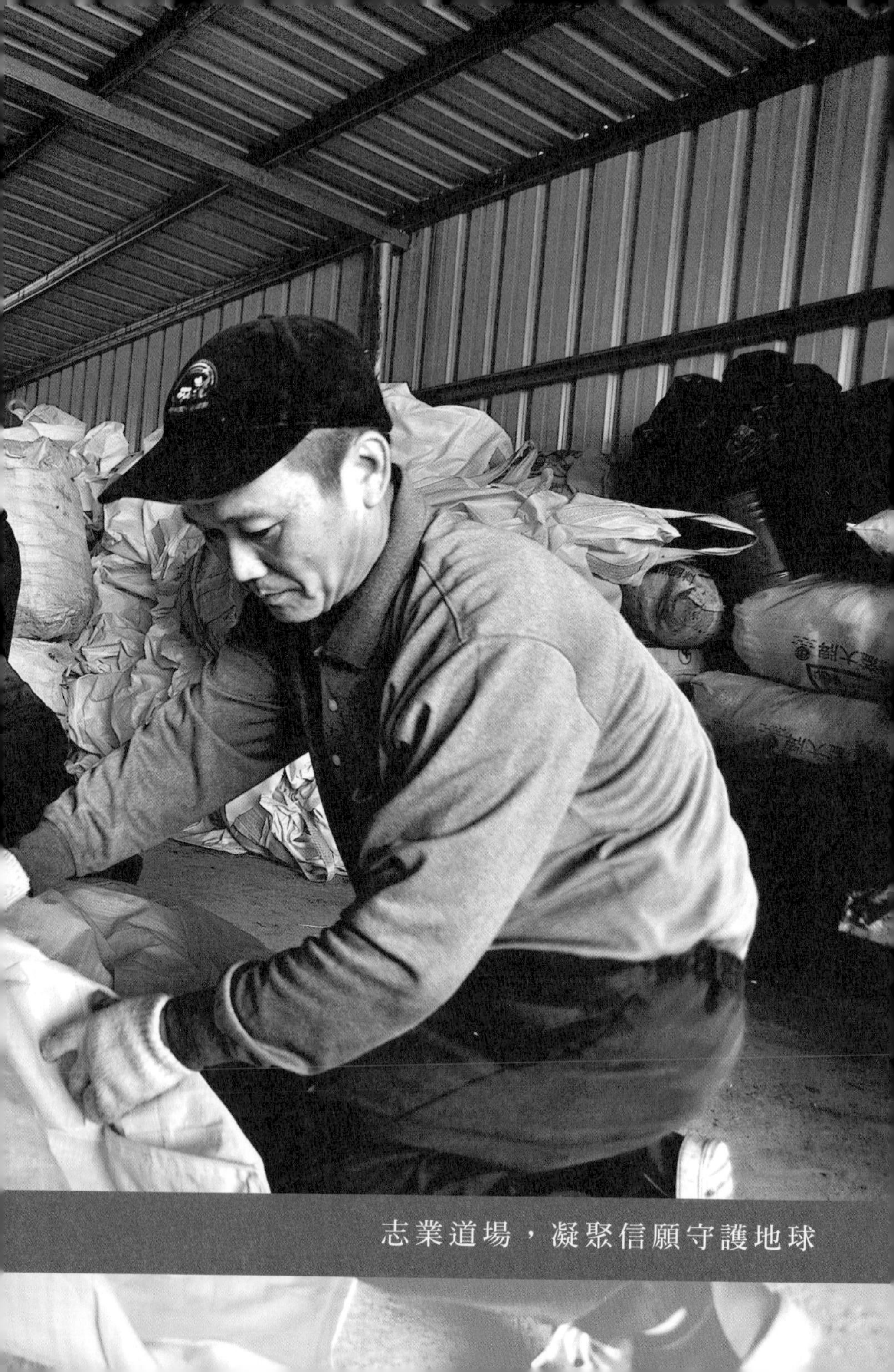

志業道場，凝聚信願守護地球

群

愛音樂愛地球　一同守護幸福南國

恆春環保站、車城環保站

位於恆春半島的恆春鎮舊名瑯嶠，係來自排灣族語蘭花的音；恆春屬於熱帶型氣候，幾乎四季皆暖；每年九月到次年三月的強勁落山風，更成為恆春的特色。這個人口數不到三萬的小鎮，每年夏天卻迎來數百萬人次的觀光客，也讓這純樸小鎮聞名全臺。

往上可追溯至一九九五年民間創辦的「春天吶喊音樂藝術祭」，數十年來墾丁成為全臺音樂重鎮；屏東縣政府延續「春吶」精神，自二〇一〇年起，每年暮春四月在恆春半島，亦持續舉辦類似「墾丁音樂季」的大型戶外音樂活動。

人潮為恆春帶來熱鬧人氣，然而人潮離開後難免留下許多垃圾。不捨當地美景被破壞，慈濟志工們發揮創意在各景點宣導環保理念，希望有效減少垃圾量，減緩對大地的破壞。

•音樂季落實環保 養成好習慣從我做起

二〇一八年四月五日，正逢祭祖掃墓的清明時節；墾丁也利用這五天連續假期舉辦大型音樂季，估計很多遊客會趁著連假來此享受溫暖陽光，同時為墾丁帶來不少垃圾量。因此，如何讓遊客落實垃圾分類呢？

當時墾丁音樂季的舉辦已邁入第八年，行政院環境保護署及屏東縣政府環境保護局聯手，以愛音樂、愛地球為主軸，更以「資源循環、幸福南國」為口號，打造一系列創意宣導活動。當日下午四點多，二十三位慈濟志工亦於墾丁國小集合參加說明會。

環保局局長指出，當年音樂季舉辦之初，四處都是垃圾；之後開始作

志工與屏東縣環保局共同宣誓「資源循環．幸福南國」，從墾丁國小出發到墾丁大街遊行宣導，呼籲民眾做好資源回收。（攝影／黃莉芳）

資源回收宣導，並結合慈濟志工，八年來有非常大的改善，一般垃圾很少了，資源回收占了七成以上。

環保宣導隊伍走上街頭，志工化身綠色英雄聯盟，吸引青年目光；藝術奇幻小丑街舞團中，五位穿著不同顏色的奇幻小丑，分別以綠色代表環保、藍色代表再生、紅色代表愛護、紫色代表減量、橘色代表修護，透過多元創意宣導，期能提升資源回收成效。

入夜，遊客愈來愈多，志工在資源回收定點，有如迎賓般，親切宣導資源回收：「垃圾要分類，可以分成紙類、塑膠類、鐵鋁罐，都可以回收喔。」環保幹事張玉霞表示，來參加音樂季的大都是年輕人，起初宣導時都不理不睬；幾年下來，遊客會對環保宣導定點說「感恩」。她希望年輕人能更加了解環保的重要，讓恆春美麗大地常保亮麗。

不捨資源變垃圾，更不忍美麗環境受汙染，志工在墾丁音樂季用行動邀約大家由我做起，一起守護幸福南國。

• 臺灣最南環保站 凝聚人氣齊造福

王伯蓮是恆春第一位志工。一九九五年慈濟與勞委會在恆春鎮公所合辦幸福人生講座，同事洪麗花邀請她參加。當時鎮公所三樓大禮堂有六百個座位，怕廁所不夠用，慈濟人還清掃二樓廁所，掃完後並灑上香水。王伯蓮心想，「哪個單位這麼愛乾淨啊？不是自己的場所、還打掃得那麼認真，連玻璃都擦得亮晶晶。」

聽講中，王伯蓮覺得臺上比手語的委員姿態優雅，還分享許多感人故事，令她印象深刻。回家後她跟先生聊起，覺得「當慈濟委員好像不錯」，先生還懵懵懂懂地問她，「慈濟委員薪水有沒有很高？」

聽完講座後，她就報名參加慈濟了。回到花蓮靜思精舍，看到師父的日常生活，連餐後剩下的素齋湯汁，都用刮刀收集惜福，點滴不輕易浪費；又看到證嚴上人用餐後，碗裡用開水涮後變惜福水喝下。勤儉的靜思家風讓王伯蓮感動，覺得慈濟值得投入，便於一九九七年受證委員。

伯蓮從住家隔壁空地開始做環保，地有十坪大，露天沒有屋簷或遮雨棚；遇落山風期間，回收物若沒收好，鐵罐、鋁罐就鏘鏘作響、吵到他人。擔任總機工作的她，對聲音特別敏感，常在夜半忙著追拾回收物，這狀況令她覺得困擾。

兩年後的一九九九年，因伯蓮表妹彭湘惠在墾丁凱撒大飯店上班，就在飯店舉辦恆春第一場環保茶會，彭湘惠也開始在飯店做環保。二〇〇五年，伯蓮的鄰居將空地收回，她就搬到彭湘惠小姑的土地去做環保。又過

春吶音樂季在墾丁舉辦，志工前往活動現場向民眾指導如何做好分類。（攝影／侯宣如）

了一年多，地主計畫蓋房子、要收回這塊地，他們又沒地方做環保了。

大家急著找地方做環保，且平時共修也找不到場所。克難時期，活動都在郭林對家辦理。每有活動，她家就像結婚嫁娶「辦桌」一般熱鬧。

大女兒建議要趕快找到場地，林對突然想到家裡有一塊三分地，原本是要作為倉庫；她也沒經過先生同意，就決定用來做環保了。事後，先生郭秋木問她，怎麼沒問他就決定了，她回

高雄和春技術學院時尚系助理教授林嬌春分享，毛毯邊邊裁切下來的布料回收可製成圍巾、帽子、小外套。（攝影／許志成）

先生：「對的事，做就對了。」

當時做環保相當蓬勃，人數多達五、六十位，要有固定的場地做環保、且能共修辦活動，才能接引更多人。二〇〇六年志工用「九二一大地震」拆下來的組合屋器材搭建共修教室，二〇〇七年六月三十日正式啟用。當時屏東分會見慧法師跟法明法師一齊主持典禮，為環保站祈福、灑淨，運作平安，一直使用到現在。

郭林對對婆婆很孝順，婆婆一九八一年生病，一九九四年往生，長達十三年的歲月，都是由林對無怨無悔地照顧婆婆，因此先生很感激她。先生郭秋木說，他早年從事遠洋漁業，長年不在家，那時孩子還小，都是林對在為家庭付出。婆婆往生後，孩子也長大了，林對專心投入慈濟，郭秋木則從中邊看邊學，跟著妻子一起做慈濟。

• 做環保存功德 有做有存做伙來

環保站從二〇〇八年到二〇一一年的第一任站長，由自僑勇國小退休的阮榮節承擔；二〇一二年起，李月娟開始承擔第二任。

李月娟的先生葉啟東自墾丁國小退休後，夫妻二人中午還自帶便當到環保站，先整理環境，然後分類，傍晚才回家。李月娟二〇一五年因身體不適無法出門，才由王復呈從二〇一六年接任站長，直到二〇二〇年再由彭湘惠承擔站長。

已退休的彭湘惠，投入環保有二十四年，她深刻體會到，能夠做人要珍惜，還要追隨「好人」，就像上人這樣慈悲有智慧的大覺者，一定要緊緊跟隨。

下午約二點時，彭湘惠會從環保站把分類好的寶特瓶用環保車載運回住家，這時社區老菩薩就會搬來小板凳圍成大圈圈，戴上布手套，一手拿著小刀，俐落地剔除瓶蓋環，寶特瓶準備送大愛感恩科技以製作賑災用的毛毯。

被列為國家重要古蹟的恆春古城門，共有東、西、南、北四座城門，是臺灣現存最完整的古城。今年八十九歲的盧明珠，因住北門附近而被暱稱為「北門阿妗」，她在王伯蓮的指導下是恆春第一個剔除瓶蓋環的人。阿妗早年辛勞，導致骨頭酸痛，幫忙農事割地

環保車載得滿滿的，橡皮繩拉得緊緊的，車子行駛才安全。（攝影／戴敦仁）

瓜葉都要跪著割；她先生陳貴春形容，阿妗做環保後身體變好，骨頭強健了，都沒有聽到她在喊痠痛了。

彭湘惠的媽媽彭姚秀美，與她住在一起幫忙煮三餐。當湘惠把寶特瓶載運回家時，她就會招呼鄰居來剪寶特瓶環，以「竹筒歲月[5]」的精神邀約，順便收功德款。她說，「做環保就像存功德，有做就有存；每次存一點，做愈久存愈多。」他們人數多時有十數位，現在鄰居個個都做得熟練，也有好幾年了。

• 最迷你二人環保站

「玉枝阿母，我來載環保囉。」李俊仁將車緩緩駛進車城環保站，下車對著等候在旁的張玉枝打招呼。車城環保站從一九九四年開始，當年鄰

5　三十年前，三十個家庭主婦相約每天出門買菜前，投下五毛錢到竹筒裡，做為慈濟基金，推展慈濟；三十年後的今天，花蓮委員發起效法當年的「竹筒歲月」，除了緬懷，也提醒每個人時時起善念、行善行。

居跟張玉枝說：「每天早上四五點先推手推車到店頭撿回收，撿好了就推去賣，賣的錢就繳給慈濟。」她就這樣開始做環保了。

剛開始，張玉枝都在村內載回收；之後，她跟妹妹張玉霞分享。張玉霞的家經營拖板車農機行、重機具工程，在車城鄉海口村、田中村認識很多人，玉霞就向二村雜貨店取回收。每星期玉霞開車帶著玉枝去載回收回來分類，愈來愈多人參與，開啟了車城環保工作。

車城鄉回收點愈來愈多，像四重溪、牡丹的回收都載來車城這一點，當時志工約有十位左右。後來志工隨著歲

車城環保站原本是豬舍，紅磚柱子有古早味；歷經時間的推移，目前只有志工二人長期付出，是最迷你的環保站。（攝影／張玉蓮）

月日漸凋零，目前車城就剩張玉枝與尤時雄二個人一起做環保。

尤時雄今年八十七歲，以前在臺北工作，退休後回車城故鄉居住；他原本要去福安宮包金紙，因手會抖無法提重物不能去了。受朋友邀約投入環保有二十年。來做環保剝寶特瓶蓋環，活動較多，手就不抖了。他說，做環保讓他的心更加輕安自在。

車城環保站原本是張玉枝家的豬舍，它的柱子及圍牆都是由紅磚建造的，充滿古早味，堪稱是屏東區最「迷你」的二人環保站。

美麗的南臺灣恆春若無環保回收，將會變成怎樣髒亂的環境呢？幸而透過資源回收，讓作為觀光勝地的恆春減少了垃圾，淨化了大地。

環保站教育與體驗結合 用愛帶人

鹽埔新圍環保教育站

鹽埔鄉先有地磅師姊陳王能緣提供自家空地為環保站，後因鹽埔聯絡處成立後，於該處後方空地再設立「鹽埔新園環保教育站」，由志工鄭美人承擔環保站長。「願大、行大、救濟眾生大」，環保志工不能沒有宗教精神，要運用現有環保站，作為洗滌人心的道場。

《無量義經》的〈說法品〉中：「於眾生所，真能拔苦；苦既拔已，復為說法。」在鹽埔新圍環保站（聯絡處）有一段感人的故事，「折翼天使」官佳仙為中度智能障礙者，他就讀鹽埔國中特教班時，在老師的帶領下來到環保站實作，儘管靦腆不善言語，儘管動作緩慢，仍勤奮學習，終於二〇二一年受證為環保志工。

‧做慈濟 寄託下半輩子

於一九五四年出生的鄭美人，先生於一九九三年因病往生，她就帶著一兒一女回來鹽埔投靠娘家。

美人的媽媽鄭吳玉英擔心她的將來，想再幫她作媒，但美人不想再嫁了。吳玉英說：「不如找一個宗教信仰，來做慈濟好了，來做環保。」就這樣，她在老家做起環保；後來老家的巷

鄭吳玉英（圖右）每天熬煮青草茶給志工飲用，清涼退火。（攝影／張玉梅）

子窄小，便借用菸草館（今鹽埔聯絡處現址）旁的鳳凰樹下分類，直到二〇〇八年十二月二十七日鹽埔聯絡處啟用，鹽埔組隊才承租旁邊的土地作為鹽埔新圍環保站（聯絡處），所以鹽埔鄉有兩個環保站。

美人的前半生命運坎坷，大兒子在四個月大時，不小心被棉被捲到引起窒息，造成腦部短暫缺氧傷害，反應比一般人慢，讓美人很操心。娘家爸爸把一間百貨行留給她經營，但她坐不住，不愛顧店；反而跟著媽媽做志工，人生也發生很大的轉變。

美人喜歡去訪視看個案關懷貧窮

環保站有一口古井，提供水資源教育，讓學生從汲取井水中，體會用水不易。（攝影／林美瑜）

人，也到大仁科技大學當慈青輔導員，日子過得忙碌而充實。美人的大兒子謝日宏讀書成績不好，但是很乖，老師很疼他，國中時還被老師帶去信仰基督教，美人也不反對，只要他快樂就好。

現在謝日宏結婚了，偷偷去學開車，考試一次就過了；但美人不敢讓他開，總是叫他當副手協助搬回收物。憨厚的日宏善良聽話，美人唸他，他也不會回嘴，只露出憨憨的表情。

日宏都搭配周麟去載運回收物，周麟會找話題跟他聊天，講環保，講他店裡面的生意，講佛教的大愛，基督教的博愛……二人相處日久就培養出默契

南華國小學生體驗挑水的幸苦，珍惜水資源。（攝影／林美瑜）

了。來到回收定點，周麟站在車上，日宏在車下，一包一包往上丟給周麟堆疊，兩人的衣服都因用力而被汗水濕透。

周麟說，日宏很有責任感，要回收的前一兩天，他都會去定點巡一巡，看看路況有沒有問題。有一位志工，因為時間不方便，跟周麟調換勤務，他本來收工廠的，現在對調社區，不清楚社區路線及環保點在哪裡，還請日宏給他安排路線；每一天要出發前，日宏就跟他說，要從哪裡開始收……

・福報都是慈濟送我的

謝日宏的太太謝美莉是菲律賓人，因家裡窮，要賺錢幫助四個弟妹讀大學，來臺灣十五年了。是慈青孩子跟鄭美人提到：「我家的看護照顧姑婆八年，想介紹給哥哥（日宏）好嗎？」因而成就一段好姻緣。

「要買藍白拖嗎？」

鄭美人（圖右）向學生介紹回收寶特瓶製成的衣服，鼓勵學生落實環保。（攝影／童怡嘉）

「對！拿九號的。」

家裡的百貨行就交給美莉負責，店鋪是三代傳承，客源穩定。美人對兒媳婦是一百二十分地滿意，她讚歎媳婦很貼心又有耐心，對家庭有責任心。美莉也說，很多外籍朋友嫁過來，先生都會喝酒或賭博，生活艱苦；而她的先生很老實，讓她很放心。

美莉形容：「第一次看到先生很帥，到現在還是感覺很帥，他個性很好不會吵架，吵不起來；就算你一直講，一直碎碎唸，他都靜靜的，沒辦法跟他吵。」美莉又說：「來臺灣很好，慈濟很好，慈濟人有愛心，以後也要像媽媽一樣做慈濟，雖然忙，不過很快樂。」

美人則在一旁接話，原本孩子是讓她最擔心的，先生往生後她對孩子更加嚴格。進來慈濟後，聽到證嚴上人一句話：「對孩子，要把操心轉成祝福的心。」一直操心，孩子的業會愈重，要祝福孩子，他就能直接收到。美人女兒的先生也是透過慈濟人介紹的，婚姻幸福；讓美人心懷感恩地說：「我的福報，都是做慈濟得來的。」

・特教班學生來實作 學習生活自理能力

鹽埔國中張雅婷老師自二〇一〇年到職後，就開始帶著特教班學生來環保站練習試做．學生走出教室就很開心，他們會騎腳踏車到環保站，全副武裝，手套、口罩都戴好，剪刀拿好。

張雅婷老師認為到環保站實作也是學習，來到環保站，志工會教學

鹽埔國中特教班的學生來到環保站實作，訓練手部細微功能，及學習如何與人互動。（攝影／林美瑜）

生，學生跟著做，比在課堂上講授或者是看圖來得更實用。學生做寶特瓶回收，無論是剪寶特瓶瓶環、剪芭樂套袋、或塑膠袋上面的標籤等等，對學生手部細微功能操作都很有幫助，學生也從做中獲得成就感。

「阿嬤，我來幫您。」官佳仙看到阿嬤把寶特瓶綁好了，就過來伸手搬起放到環保車上，俐落的動作，看不出他是中度智能障礙者。

官佳仙就讀鹽埔國中特教班一年級時，跟著老師到環保站實作，受到林葉貴英、陳蔡蜜、李榮妹、董梅桂等志工的呵護，就常常在假日騎腳踏車到環保站做回收。

官佳仙的爸爸因工作傷及脊椎，媽媽也因子宮肌腺瘤動過手術，家務事大都由他一手包辦，包括煮菜、洗碗、倒垃圾、洗衣服……現在做起回收分類，一樣難不倒官佳仙。因為他的勤奮工作深得環保站阿嬤們的喜愛，也幫他申請慈濟濟助弱勢家庭子女的新芽獎學金，補助生活所需；官佳仙感受到志工們的愛心，更喜歡到環保站幫忙，做得格外開心。

因為志工耐心的教導跟照顧，原本內向的官佳仙跟環保站的阿嬤變成忘年之交，個性也愈來愈活潑開朗。官佳仙就讀屏東高工時的徐欣郁老師就說：「他在學習上是比其他同學要弱一點，可是他不一樣，他很認真，比其他同學更努力，已經拿到烘焙的丙級證照及門市服務的丙級證照。」

官佳仙用勤奮來克服先天的障礙，以默默付出來回饋志工給予的愛。即使已經從屏東高工畢業，有了一份固定的工作；假日，他仍自己從家裡騎了二十分鐘的腳踏車來環保站，直到現在不曾間斷過；長期做資源回收讓官佳仙成了「環保達人」，也在二〇二二年受證為環保志工。

證嚴上人開示：「面對一切有情，我們要起悲憫的心，看到他在受苦，開闊我們的心胸，普為救拔，好好為他們設法，怎樣幫助他們，甚至『苦既拔已』還要『復為說法』，讓他們也能身心安住下來，安住於安樂處。」

美麗的天使總令人聯想到祝福、善良，但是一位折了翅膀的天使、一個身體殘缺的天使，是否也能帶著眾人的祝福飛向人間？透過官佳仙的故事，證明了只要心中有愛，就能「以愛化礙」，溫暖人間。

把環保站當作家　健康豐富自我生命

泗林環保站

「地、水、火、風」四大不調，人類居住的地球遭受不斷的破壞；而四大不調和環保息息相關，與人類生活更是關係緊密。從二〇一一年十月底，慈濟基金會宗教處開始舉辦「慈濟環境教育師資培育研習會」，培育環保種子講師分布於全臺各環保站，承擔輔導及推動環保教育的功能。

陳麗香是二〇一三年培育的環保種子講師，為了響應證嚴上人的環保理念，她極力向家人爭取，將臨近潮州鎮四林國小旁的一塊祖產地賣給她。她在二〇一二年將地捐給慈濟，二〇一四年十一月泗林環保站啟用。

陳麗香以環保為志業，不僅讓社區會眾對環保更加重視，並進而動手做環保，影響層面更深、更廣、更大。

•捐地做環保　環保教育向下扎根

「這塊地捐給慈濟做環保站，是很好的事，因為慈濟永遠在做好事。」

一九五九年出生的陳麗香，二〇〇八年某日看到大愛電視「草根菩提」節目，一位阿嬤背著孫子、又牽著另一位孫子在撿回收；感動於阿嬤年紀這麼大了還在做環保，反觀自己才五十歲，應

泗林環保站簡單布置，做完環保，環保站收拾得乾乾淨淨，環境清爽。（攝影／張玉蓮）

陳麗香認為將地捐給慈濟做環保站，是很好的事，因為慈濟永遠在做好事。（攝影／張玉蓮）

該可以做更多事……

陳麗香與陳碧慧是瑜伽班同學，某日晨運完回家路途中巧遇陳碧慧去參加公祭。她問碧慧：「您怎麼這麼熱心參加公祭？」碧慧回覆：「您也可以！」就這樣的因緣，碧慧買了見習的制服送給她，陳麗香開始參與見習志工。

在碧慧的鼓勵下，陳麗香參與了大愛媽媽「校園說故事」行列，開始進校園，看志工怎麼帶動小朋友；見習了二節課後，有位志工臨時有事請她代班，就開始了晨間進校園跟小朋友講故事。為了學習說故事技巧，她也參與讀書會，因而認識潮州大愛媽媽的幹事——吳靜怡老師。

有一次麗香與吳靜怡老師到泗林，經過老家（祖屋），她就帶吳靜怡進去參觀。因祖屋恰好在四林國小旁邊，如能成立環保站，讓學生實際參與實作，就能將環保理念向下扎根。吳靜怡看了隨口說道：「這塊地如果用來作為我們的環保站，應該很不錯。」麗香當下聽進心裡。

泗林這塊地原是麗香的爸爸與叔叔共有，叔叔往生後就變更在她爸爸與弟弟的名下。有位朋友向她爸爸說：「這塊地不如一百萬賣一賣」，她就跟爸爸說：「你若要賣給別人，不如賣給我好了。」家人也同意，成就了這段好因緣。

•入校園帶動環保教育 學生到站體驗實作

麗香走進四林國小附設幼兒園，離她一百公尺遠，一位正在洗手的小朋友看見她就大聲喊：「大愛媽媽！」還跑過來抱住她。沒當過媽媽的麗香非常感動，面對小朋友天真無邪的真情流露，讓她充滿動力、永不會累。

還有線上遊戲學習平台PaGamO到各校帶動環保、防災PK賽時，常有小朋友跑過來喚她「大愛媽媽」，原來是當初上幼稚園時帶過的小朋友，如今已經長大讀小學了，卻沒忘記她。如同上人曾說過「多與人結好緣」，這些美善足跡，在在都令她難以忘懷。

這學期她進入四林國小分享「環保救地球」課程，以簡報檔與家長、老師互動，讓觀者感受海洋已經被大量塑膠垃圾汙染，海獺把塑膠袋當成裝飾品圍在脖子上、及海獅被橡皮圈纏繞的模樣，令人不捨！塑料垃圾讓海龜不能健康成長，反而遭到綑綁，還有梵氏長角鮟鱇魚是一種生活在黑漆漆深海三千至四千公尺的魚類，吃的卻是塑膠垃圾……

這些令人感到怵目驚心的景象，引發人類反思，而對於環保更深入的實踐，則是在日常生活中，開始會注意什麼東西是可以回收的、以及如何

志工以十指口訣「瓶瓶罐罐紙電一三五七」配合動作，讓小朋友背誦環保要點，小朋友喜歡遊戲式的教學，充滿歡喜。（攝影／張玉蓮）

回收？同時會更加積極去推廣環保救地球的理念。

他們更帶領學生到環保站親自體驗實作，以十指口訣「瓶瓶罐罐紙電一三五七」搭配「實物」讓小朋友去認識及背誦，加以反覆練習，最後實際作分類，讓腦袋擁有的「觀念」成為具體實踐的「真知」。

．退休老師以站為家 慈濟人文素質優

泗林環保站保留原有的房間

及客廳，客廳設有佛堂，讓來做環保的志工能禮佛，從回收撿到的字畫則會拿來布置掛在佛堂，還有一套回收的大理石桌椅擺置中間，簡約樸素乾淨大方。陳麗香、張玉蓮、李月英、許雲洙都是受證的環保種子講師，這群人志向相同，學有二胡，回收較少時，便趁空檔在環保站練習二胡，淨化心靈，也增進彼此的情感。

由於大愛媽媽長期進入四林國小說故事的效應，鄭美雀與陳淑紋從四林退休下來就加入大愛媽媽的團隊。平時他們在環保站演練故事、或分享讀書會的心得等等，偶爾也有意見相左的時候，或生氣、或大聲、或不講理……但因為自己平常都在教人，很快就會用靜思語：「發脾氣是短暫的發瘋，理直要氣和，得理要饒人……」來提醒大家或自我反省，使得泗林環保站一團和氣，合和互協，展現出環保站特有的人文氣息。

陳麗香很是能幹，在教育功能團隊是大愛媽媽，在環保站是一位司機菩薩，志工們說她是「文武雙全」，她聽了很高興，也做得歡喜；她最愛的靜思語「福從做中得歡喜，慧從善解得自在」，讓她享受其中。

陳麗香對隔壁村四春社區並不熟悉，全是陳東民開闢出來的。他主動告知店家，自己收回收物給慈濟救人，不是拿去賣；就這樣一戶又一戶地增加，量少時他會自己騎三輪車去載，量多時就打電話通知陳麗香去載。陳東民與陳黃朝枝同住四春，因每天去朝枝的早餐店買早餐而認識慈濟，繳功德款。

二〇一五年，陳東民的爸爸因中風臥病在床，他擔心父親的病情，來到早餐店，向朝枝說希望慈濟人能夠勸導爸爸，不要因為中風一直臥病在床、放棄運動。慈濟人到東民家關懷，在互動下爸爸心情開朗並且起來運動；過了不

環保站保留原有的客廳，客廳內布置的字畫、大理石桌椅都是回收來的，泗林的大愛媽媽在這裡演練靜思語故事，分享心得。（攝影／張玉蓮）

久，爸爸第二次中風往生了，慈濟家人到他家助念公祭，他非常感動。之後東民開始做環保，迄今已有五年，同時聽從上人慈示力行蔬食。

・新冠肆虐 推動蔬食齊心消弭災疫

環保站雖僅百坪空間，但有菜園、果園及絲瓜棚。小小菜圃不撒農藥，有很多小蟲蝸牛，一夜間把菜吃光光。志工每天撿一大袋蝸牛放生，一日復一日，菜一樣沒收成，頗沒成就感。張玉蓮靈機一動，利用回收的鐵架搭棚，種植當季冬瓜、胡瓜、絲瓜、皇帝豆。瓜棚高高的，蟲害較少，瓜果收成後，可當作中午的菜餚；盛產時，剩餘的還能讓志工帶回家與家人分享，吃得健康又安心。

張玉蓮住家在泗林環保站附近，力行清淨在源頭，廚房零廚餘。她利用果皮渣當蔬菜、樹木肥料，持續作環保酵素，酵素可提供廁所清潔使用，可施肥澆灌菜園，也可淨化空氣，將垃圾變黃金，回收再利用，令她

環保站絲瓜棚的絲瓜成熟了，張玉蓮就把它拿來煮成佳餚，犒賞志工。（攝影／陳麗香）

心中感到無限法喜。

古人說：「吃水果拜樹頭」，宇宙萬物的成長都需經過天時、地利、氣候、養分的培養，相當不易，我們人類每吃一口食物，真的要感恩上天的恩賜。張玉蓮雖不專業，但用心常常澆水，照顧果樹，總讓志工們嘗到許多美味現採的蔬菜水果。

在照顧菜園時，張玉蓮更深深體悟《法華經》藥草喻的譬喻，「草木花卉百千奇，山川溪谷各安棲，顏色各異，形態不一，生長所需，渴求降雨，一時普雨，草木饒益。」草木性雖異，隨分受潤皆歡喜，就如絲瓜、皇帝豆，屬性不同，澆水量就不同，需要隨分受潤，才能草木饒益。

這兩年，臺灣面對這一波COVID-19疫情，期待大家虔誠身體力行，齋戒善行，讓疫情快速消弭。這群環保菩薩在菜園種植有機蔬菜，張玉蓮更悉心設計色香味俱佳的菜餚，讓志工吃得飽足，感受素食也可這麼美味，進而茹素長養慈悲心。

這群環保志工感恩能在泗林環保站付出生命良能，並且利用教育專長走入校園演練環保故事，讓環保理念從小扎根，自我身心靈亦更加寬闊。

綠建築為環保代言 做中學學中覺

東港聯絡處環保站

東港聯絡處環保站位於莊嚴巍峨東港聯絡處的右後側，經由慈濟營建處配合設計師，依照社區需求與運作而建設。全棟挑高為鋼骨輕質隔間，內有獨立的電力系統、廚房與衛廁設備，是兼具通風與採光的綠建築。

除了以塑膠袋與寶特瓶為主力分類工作，環保站也兼做拆卸、紙類、衣物等分類工作。它在二〇一九屏東燈會時就發揮了極大功能，除了暫放屏東分會的燈具物資與轉運站外，還提供人力協助製作環保地球主題燈、琉璃燈牆LED燈焊接與組裝等工作。

●屏東燈會慈濟展區 環保說法度眾生

黑夜中，地球主燈轉動發出耀眼光芒，這是二〇一九年臺灣燈會慈濟屏東展區的主燈；為了打造環保地球展現環保精神，屏東慈濟人花費二個多月的時間準備。從事室內裝潢的林俊良用回收汽車的輪胎鋁圈鐵圈及前輪軸承，來作轉向的自動旋轉構件。

慈濟志工以愛接力，打造環保地球燈。他們利用過年期間把三千多支寶特瓶洗乾淨組裝上去，大年初四這顆大地球就被運送到大鵬灣燈會會場。志工鄭秋成說：「這也是我第一次做，所以在做中學、學中覺的過程裡，大家愈做愈有智慧。」志工首次做花燈，邊做邊學，除了主燈地球，現場還有回收玻璃瓶製作的琉璃燈牆，千朵清蓮也是用回收塑膠湯匙作出來的。

製作團隊的潘美雲說：「有一次看到湯匙，感覺它的形狀跟花瓣很像，就試著黏看看。」湯匙、光碟加上筍殼，就變成了地湧金蓮，透過志工的巧手巧思，讓廢物益發閃耀光芒；眾人齊心合力，要讓廣大民眾感受環保慈善的精髓。

從白天到黑夜，志工協助引導、清潔、高舉LED燈宣導環保概念，盡心付出，分享喜悅，希望民眾有舒適的賞燈環境，做好資源分類。

‧綠建築為環保代言 做環保彌補人生遺憾

東港聯絡處環保站花木扶疏，周邊綠地如茵，這座美麗的綠建築有挑高，屋頂上有強化採光罩玻璃帷幕，建築物左右牆面是推射窗，前後是電動鐵捲門，白天把鐵捲門捲起讓空氣對流，就相當涼爽了。

二〇一四年一月六日，證嚴上人行腳屏東分會主持歲末感恩祝福會後，志工張美貞邀請上人到東港聯絡處走一走；上人來到聯絡處，問道：「環保在哪裡做？」她回答：「我們沒有環保站。」上人又問：「一個聯絡處這麼大，怎麼沒有環保站？」

東港聯絡處環保站景觀，志工發揮創意用回收物作出可愛的圖騰。（攝影／黃錦益）

上人慈示後，張美貞於一月八日找來在新園環保站拆解的班底許月桂、莊惠鳳、洪林素貴等人來拆解電線內銅線、以及小朋友的玩具，並做塑膠袋分類。志工陳金龍做電器拆卸，因為找插座不方便，他都自備一個充電式電動拆螺絲的起子，隨身還多攜帶一個充電電池，這樣就不用擔心每次來做不夠。

後來，宗教處同仁來到聯絡處，看到來自「九二一希望工程」拆建後的組合屋每逢下雨會漏水，經開會決定建造環保站；從二〇

二〇一八年因鳳山靜思堂即將改建，志工前往拆除連鎖磚，運回東港聯絡處環保站再利用。（攝影／李汶瑛）

一六年六月二十九日動工，為期半年，二〇一七年開始運作至今。

每到大回收分類日，環保站總有一群多達十幾人的班底，協助做塑膠袋分類。陳美香開美髮店，二〇〇九年「八八風災」後，她是協力組長，帶著志工到鎮內各服飾店回收塑膠袋，楊評貴、孔紹安、方秋凌、鄭伊伶、鄭滿足都是由她接引出來的塑膠袋分類團隊。這一群「死忠」的環保老朋友，每天有說有笑很快樂，成為彼此常年來的生活寄託。

楊評貴因工作意外，傷及脊椎

造成下半身痲痺，現在是塑膠袋分類回收高手。孔紹安國三就叛逆，和朋友習得不良習慣，喝酒、抽菸、吃檳榔；當兵前喝酒發生車禍，因傷到腦部而開刀，入伍二十四天就退役；見他浪子回頭，最開心的是母親，倆人一起做環保，身心都歡喜。

方秋凌是陳美香的鄰居，多年前罹患甲狀腺腫瘤，體會生命無常，她決心未來要多行善事。鄭滿足跟秋凌是親戚，「八八風災」時滿足家嚴重受損，無法煮飯，餓了一天，她吃到的第一餐飯就是慈濟便當，令她格外感動。鄭伊伶歷經嚴重車禍，加上先生癌末往生，雙重打擊曾讓伊伶走不出來；好在得到志工的陪伴鼓勵，她開始做環保，感覺日子好過許多。

後來鄭伊伶、方秋凌與鄭滿足三人成為好朋友，號稱「東港三寶」。目前，東港烏龍環保站與新園環保站的寶特瓶也都集中在此處裡裝袋，由夾子車定期來載走提供大愛感恩科技之用。

・回溯東港環保路 感恩娘子軍付出

屏東大鵬灣國家風景區包含大鵬灣及小琉球兩大風景特定區；大鵬灣是臺灣最大的內灣，區內海域之動植物資源豐富。一九九一年，沈貴女為了完成婆婆遺願，接手婆婆的會員勸募工作投入慈濟慈善；她同時邀請張錦綿、郭桂美、張美貞等人一起做環保，從一開始翻找垃圾桶，到跟張美貞的兒子借二．五噸的貨車載運回收物，一步一腳印。

張錦綿說起早年環保甘苦，要想辦法去借車找司機，車上載著她、沈貴女、郭貴美、張美貞等四人，跑遍東港、烏龍等各處回收點去載回收的資源，連墓仔埔也敢去，更不用說蟲鼠爬滿身了！

全盛時期，共有四輛環保車在下午三點集合在張錦綿家，她媽媽陳加月會準備點心讓志工可以充飢解渴；晚上，張媽媽會在家裡屋簷下準備晚餐，是讓志工迄今津津樂道的美好回憶。

東港聯絡處一直沒有環保站，大都是放在車上直接載去資源回收商那

東港朝隆宮在境內舉行媽祖遶境，志工沿街清掃垃圾，維護環境整潔。（攝影／張慈玲）

裡賣掉，因未經分類，賣得的錢很少。於是他們借用空地存放，但又因回收回來有時都過了半夜十二點，玻璃瓶的聲音太過響亮吵人，被鄰居檢舉，陸續轉移過三、四個地方，不是被驅趕、就是土地被要回，苦無去處。

可以說，東港的環保起初是由沈貴女、張錦綿、郭桂美、張美貞、陳美香這群人心寬念純、愛護地球的思維為始，她們身體力行做出歡喜心，才默默感動了身邊人，進而擴大據點。

物換星移，二〇〇五年新園

瓦瑤環保站啟用，張美貞與張錦綿會開車載環保志工過去分類；又過了三年，二〇〇四年烏龍環保站成立，張美貞以環保站為家，累積了過去在新園的分類經驗、以及去高雄八卦寮環保站學習處理電線的知識，承擔起拆解電器與削電線的責任，同時也是東港區的環保幹事。

・環保伴侶加老兵 踏實人生好自在

鄭江山於一九九七年承擔隊長，負責區域從萬丹、潮州、新園、東港至恆春等地的資源回收站點。新園瓦瑤環保站與烏龍環保站陸續成立後，他跟太太鄭蘇美月號召志工去做環保。

家住大潭的鄭江山邀村內長者做環保，星期二早上七點就在保安宮廟前集合；鄭江山會在貨車後面放上小椅子，陳如志、張阿玉、李秋蓮等一群長者就相邀去做環保。這些老菩薩都不會騎摩托車，有鄭江山載去做環保，大家愈做愈歡喜。

二〇一九年臺灣燈會在東港舉辦，屏東環保工藝師，以屏東在地及慈善、環保等人文特色，用藝術呈現珍惜地球資源之意義；圖為民眾觸摸用寶特瓶製成的環保毛毯。（攝影／林美瑜）

史蘇桂金在「九二一大地震」後看到鄰居繳功德款，好奇一問才知道是繳給慈濟。她好奇詢問除了捐款外、慈濟還有沒有其他的活動？

沈貴女就邀約她到花蓮參訪，回來後開始做環保。當時她還在開麵店，中午收拾好就坐著回收車到各回收點回收，有時也到瓦瑤環保站分類，回到家都已晚上七、八點，趕緊煮晚餐。桂金家裡有先生及三位長輩要吃飯，太晚回家怕會被家人唸，但她一心做環保，連兒子隔天要結

屏東環保工藝師發揮創意，利用回收的塑膠湯匙製作成蓮花，賞心悅目。（攝影／張玉梅）

婚，都忘記要準備東西……

桂金擁有好手藝，東港親子成長班開辦後，她就負責香積組，一直到東港聯絡處啟用後繼續承擔；她經驗豐富，不用開菜單，菜市場隨機採買，就能變化色香味美菜色，二十年來歡喜付出，溫暖了許多人的胃，廣結善緣。

七十歲出頭的桂金，每天還是去幫人打掃，除了每週四到瓦瑤環保站煮香積給環保菩薩吃，總是以歡喜心自掏腰包購買食材，與大家結緣外，下午忙完了，她又到東港聯絡處環保站一個人默默做分類。為了愛護地球，環保之手不停歇。

每個環保志工當初都以不同的因緣投入環保，但環保不僅是愛護環境的大福田，每個人還在環保站學習本事，因而付出生命價值，讓環保站成為清淨自心的修行道場。二十多年來，這群志工一直做得踏實又自在。

環保愛地球 擬定芭樂套袋回收SOP

高樹環保站

高樹鄉位於屏東縣北部，鄉民大都務農，以種植水果居多，農業廢棄物塑膠套袋相當多。這些套袋因回收利潤低廉，鄉公所外包回收廠商不願收，大量的塑膠袋被當垃圾處理；志工不忍地球受傷，投入大量心力分類回收，雖然辛苦卻幸福，甘願付出，樂在其中。

二〇〇八年，由慈濟大專青年所發起的「晨鐘起，薰法香」活動，鼓勵志工早起到社區道場聞法精進，行之有年，已成志工生活的一環。仲夏六月，天空透出微光，許多環保志工已在環保站恭敬聆聽證嚴上人開示：「阿耨多羅三藐三菩提，要到這樣的程度，聽到心入法，法入心，行在法中，不退轉。」內心充實地展開一天的生活。

•面臨垃圾風暴 尋求慈濟合作垃圾減量

志工蔡瓊花擔任高樹鄉公所清潔隊長期間，經歷垃圾風暴。當時因沒有焚化爐，各鄉鎮的垃圾都是自行找地掩埋；有時快過年了還找不到垃圾場，有時要挖一個臨時掩埋場，又會遇到鄉民抗爭，頗難處理。有一年春節前，清潔隊尚未找到臨時掩埋場，垃圾堆積街頭，不知如何處理，蔡瓊花夜裡常為此驚醒。

一九九七年，慈濟在高樹辦理愛灑茶會；蔡瓊花在此認識了慈濟，有心推動垃圾減量，資源回收。她在同年五月與慈濟合作，利用高樹鄉公所廢棄屠宰場做夜間環保，由鄉公所提供回收場，負責載運回收物，志工負責分類，藉此啟動公私部門合作方式，彼此互補，發揮所長，各得其利。

一直到二〇〇四年，她卸任隊長職務，雙方才結束長達七年的合作。

後來，志工苦無場地可做環保，多方尋覓。有一天，鍾榮華偶遇葉輝芳談起此事，葉輝芳認同上人慈善理念、及被太太徐雲彩做慈濟精進不退的精神所感動，欣然同意無償提供土地作為高樹環保站，讓愛永遠流傳。

這土地原閒置多年，地處低窪、雜草叢生，在志工齊心有錢出錢有力出力，填土、整地，經過一個多月的努力，於二〇〇四年十一月十四日環保站啟用。葉輝芳與徐雲彩夫妻的故事也被拍成「最美的雲彩」，於二〇一五年在大愛電視播出。

環保站土地原是葉輝芳師兄的祖產，二〇一九年師兄往生後由徐雲彩繼承。為了完成師兄遺愛在人間的心願，她將其捐給慈濟作為菩薩訓練道場，成就慈濟志業。

・種植水果多　農業廢棄物塑膠套袋多

高樹農民在芭樂幼小時，都會用塑膠袋連同葉子及梗綁起來；但採收

高樹環保站興建初期，志工一同綁鋼筋，打穩地基。（攝影／蔡瓊花）

之後，這些袋子若是沒能好好回收，就演變成了嚴重的環境問題。蔡瓊花找來楊秀莉，二人花了好幾年的時間想要改良此狀況，但要在農村做環保，一點也不容易。

剛開始時，不熟悉是極大的挑戰。她們不但要挑出雜質，還有葉子、芭樂梗也會附著在打結的地方。楊秀莉說：「回收廠商最忌諱的就是這些東西，都推辭不願收購。」

楊秀莉想到上人曾說過：「要克服難，不要被難克服；碰到困難，要想辦法處理。」於是她靜

樂齡學堂上課前，志工為長者量血壓，守護健康。（攝影／蔡瓊花）

下心來，想方設法，終於想到塑膠袋材質眾多，又細分有乾式及水洗：PE、PP、飼料袋、水果套袋、噴水帶……，楊秀莉一一依照回收廠商的要求分類。

塑膠袋的來源還分家用、商店、水果行及農民，種類繁多，其中多夾有雜物，就由專門的志工負責分類，依類別送交回收商；說真的，他們投入的心力與產值不成比例，但為了地球永續，志工甘願付出。

「大家早！」楊秀莉親切地招呼志工，大家有說有笑地，也不會覺得日子很無聊。志工們在環保站，相處的氣氛融洽，時間也很好過，又能為地球做有意義的事，大家都很歡喜。

・走出醉夢人生　蛻變為最有用志工

多年前的某一晚，董家矮屋門外傳來陣陣喧鬧聲：「朋友來乾一杯乾一杯，盡量來喝呼伊麻西麻西……」倏地，酒瓶碎裂聲響起，在寂靜的鄉間巷弄異常刺耳。

「我怎會生出你這款的兒子？」母親董潘金葉抽噎望著倒臥在酒瓶堆中的董進華。家中九個孩子，就屬這個已經四十多歲的老五最讓她神傷。

董進華的父親很早就過世，家中經濟全由母親挑起。他小學畢業後未升學，結識幾位同是中輟生的朋友，一起抽菸、嚼檳榔；每當情緒不好，一夥人就藉酒澆愁，甚至喝酒鬧事，因此失去了工作。

「我什麼都不要求你，沒頭路也嘸要緊，只希望你能好好振作，毋通擱整天喝酒起肖啊！」不敢向鄰居訴苦，七十多歲的老母親經常獨自落

樂齡學堂由志工帶動「水果蹲」團康，讓長者活動筋骨，促進血液循環。（攝影／邱瑞連）

淚：「其他兄弟姊妹個個成材，為何阿華一點出息都沒有？」

天下父母心，董潘金葉從不放棄任何治癒兒子的希望。聽說花蓮有家醫院可幫人戒酒戒毒，為了解救酒精中毒的兒子，她要再試一次。

在玉里治療兩個多月，透過藥物控制，董進華的酒癮日趨和緩，不需再住隔離病房治療；於是院方安排他參與院內的團康活動。

走出病房，看到一群穿著藍天白雲制服的志工定期前來關懷，董進華心想，這不就是電視上看過的

「慈濟人」嗎？

如今親眼所見，每位志工都是那麼謙和有禮，他鼓起勇氣問道：「我以後可以像你們這樣嗎？」「當然可以！慈濟歡迎每個人加入。」志工告訴他，參加慈濟，最重要是要有一顆助人、向善的心。

「與其在醫院繼續治療，不如回家做慈濟還來得快樂些。」

一開始，董進華跟著志工到高樹環保站。身材修長的他，整理起回收物動作俐落，嫻熟的身手完全不像是初來的新手。漸漸地，不需人邀約，他每天都來報到，對於大小勤務從不推託，是環保站裏公認最「好用」的志工。

整日忙碌於資源回收，無暇拿起酒瓶，他逐漸能克制喝酒的欲望。

「本來打算放棄的一個兒子，現在卻脫胎換骨，我不會再說自己歹命了！」董潘金葉說，阿華的資質輸人一截，要她照顧一輩子都無所謂；原本只希望他能戒酒、成為有用的人，沒想到真的讓她等到了這一天！

・薰法香聽經聞法　用佛法看待人間事

清晨，露水還留在稻葉上，高樹環保站已燈火通明，志工以虔誠恭敬心薰法香。

環保站長王坤山當初目睹董進華的轉變，抱著好奇心接觸慈濟，沒想到投入就無法自拔。從二〇〇三年起，他持續薰法香已有十多年，起初都是每天開十五分鐘的車程到鹽埔聯絡處聆聽上人開示；等到高樹環保站架設網路後，他就回到環保站薰法香。

他說，上人要弟子薰法香，必有其道理；他自己也覺悟到，做慈濟也是修行，修行就要求法，求法就要聽法，薰法香是最好的，下定決心後每天勤於薰法香。薰法香前，原本個性浮躁、急性子的他，稍有事情不順心時，就起無明、發脾氣；薰法香後，他學會反省，當脾氣來時，就察覺心有起伏，會即時懺悔，很快就轉念。

「遇事不起無明，就沒煩惱，心會比較寬，也比較快樂。」王坤山賣水二十幾年，進入慈濟後，他領悟到「福報享盡，苦就來了」，不捨父母年輕就往生，他要種福田迴向給爸媽。他不斷累積福報，只要沒開送水車的時間，他就是用來做環保。這當中，他也接引了好多位會眾來做環保、做好事。

潘清水自小生長在不健全的家庭，父親常年酗酒家暴，他幼年常與媽媽躲在甘蔗園裡睡覺，對父親的心理陰影一直無法抹滅。他也曾自我放棄，長期酗酒麻醉自己，十五歲被友人帶去討債，因此被控告恐嚇而啷噹入獄九年。後來他雖幸運提前三年假釋出獄，卻未珍惜機會改過自新，又因假結婚案件入獄受刑。

志工準備豐盛的素食午餐，讓長者享用，溫暖長者的心。（攝影／邱瑞連）

潘清水的年輕歲月多流連在酒店、賭博場所，沾染許多不好習性。回到家鄉後，他仍然終日醉生夢死，以前酒後經常在村裡鬧事，導致村裡的人怕麻煩都不願與他來往。

後來，潘清水因腦中風被送到醫院治療，出院後，他心情鬱卒，變得不愛講話，常常想自殺，親人也都不理會他，終日在村莊無所事事，四處閒蕩。王坤山不捨見他這樣虛度人生，邀約他來環保站做環保。

潘清水跟著王坤山做環保，丟酒瓶、剝寶特瓶蓋，什麼事都做。人們不禁好奇讚歎：「阿水師兄，你怎麼改變

高樹鄉水果套袋多，志工用心整理，將有髒污、樹葉處仔細剪掉，修心又養性。（攝影／陳妍蓁）

那麼多！是怎麼改變的？」他回答說：「我也不曉得，就是做環保，聽一些道理。」

王坤山也說：「阿水就是一面鏡子，我也是一面鏡子，希望我們兩人的改變，能影響村莊的年輕人，因為全村愛喝酒的人實在太多了。」阿水師兄以前在社區，人人看輕他，把他當作是酒鬼、是社會上沒有用的人；然而走入慈濟後，做環保轉變了潘清水整個人，現在他已成為社會上人人肯定的「阿水師兄」。

上人經常開示：「萬般帶不去。」世間菩薩平時就是萬般不斷地反覆在造煩惱，而慈濟人心念單純，看到人家有困難就趕緊去幫忙；他們也是用一樣簡單的心念做環保薰法香。每天雖然忙碌，但他們知道這樣做，時間才不會被浪費，日子也才能過得充實又快樂。

樂齡慢活好智在　傳承愛綿延久久

潮州聯絡處環保站

潮州鎮位於屏東縣中部，地處屏東平原，是屏東縣人口僅次於屏東市的第二大城市。潮州開拓初期的墾民，有不少是來自廣東潮州府的移民，這些移民在墾成一片新天地後，因懷念其故鄉的山川草木與風俗民情，就把祖籍的地名移植於這片新開發的土地，命名為「潮州庄」，簡稱為「潮庄」。

樹幹的老葉一片片飄落滿地，樹枝也長出嫩芽新葉，地上鑽出小小花草迎風招展，春來了，萬物甦醒，綠意盎然。身處老齡化的社會，慈濟潮州聯絡處響應政府推動長照計畫，落實在地老化與安養，在二〇一六年十月八日成立長照C據點，提供預防及延緩失能照顧及健康固本訓練課程，多樣化的資源，減輕了照顧者的負擔。

‧營造身心靈饗宴 手舞足蹈快樂多

活動前，工作人員忙著受理學員們報名、量量血壓，並將「健康十巧手」的精緻圖卡，當成見面禮送給在場的每個人。

司儀吳靜怡向大家說明慈濟潮州聯絡處空間的使用，並由志工邊唱著《望春風》的曲調，邊融入動人逗趣的

潮州聯絡處環保站建設初期，混凝土車正在灌漿。（攝影／李岱原）

歌詞：「人生七十才開始，八十滿滿是，世間九十不稀奇，一百笑嘻嘻；六十歲是老小弟，五十是嬰仔，四十睏在搖籃裡，三十才出世……」揭開活動，並叮嚀大家在日常生活中記得：「常練十巧健康不老」。

講師陳麗香精神充沛地帶領長者們做手指運動，活絡腦神經，讓跟不上動作的人，也笑嘻嘻地做下去。接著除了講述素食的好處之外，也配合著《吃菜尚介讚》的音樂，帶進了一些簡單的動腦動作，期望能達到舒筋活腦的效用，學員們個個被逗得眉開眼笑。

此外，環保種子講師許雲洙教導製作「香積三角飯糰」，首先介紹香積飯的由來，及如何運用香積飯，學員們感覺相當新鮮有趣，作完後將作品放入便當盒內，好有滿足感喔！上完二小時的課程之後，學員們享用了素食午膳，大家紛紛表示，原來素食餐點也相當可口。

環保志工陳秀美感恩慈濟師姊貼心，每次上課前以電話聯絡，使健忘的她能如期準時來上課，被尊重的感覺令她相當開心。她平時看見可回收資源即隨時回收，再集中放置於環保站，是位快樂的志工。

付出時間、付出體力、付出智慧，都是布施。由於教學團隊集思廣益的規劃、講師們盡心力準備教材、各功能團隊認真於每一個環節，讓整場活動進行得很順暢，長輩們感受到很不一樣的一天，人人帶著滿足的笑容，並且更元氣滿滿地享受學習。

‧用願力超越業力 堅持善良消除業力

吳靜怡老師在一九九〇年到花蓮參加靜思語教學後，深受感動。一回到學校，她就開始演說靜思語故事，學生聽得津津有味，她自己也樂此不疲。

每個星期三晚上，她也在家演說靜思語，從三位小朋友教起，到最後是整個社區遍地開花。她所開拓的靜思語教學故事班，遍布屏東的潮州、萬丹等五個鄉鎮、二十一所學校。

透過慈濟故事的分享，她幫助很多人走出婚姻的困境，化解親子、婆媳之間的家庭危機。二〇〇四年她從教職退休，帶動大愛媽媽團隊，用各種課程反毒宣導、環保推廣走入校園；二〇一三年她取得環保種子講師資格，又擴大區域走入社區環保站，落實環保教育。

三十多年來，吳靜怡的善良付出帶動很多人，為什麼她能有這麼多時間呢？究其原委，令人感覺有些心酸，也讓人不捨；因為她的先生與兒子都是躁鬱症患者，家裡面待不住，她只能做慈濟事來適時轉換心境。

她藉由不斷閱讀證嚴上人的書，講述靜思語的故事，搜集經典裡面的

志工於潮州文化節前往設攤，宣導環保，落實資源回收。（攝影／李岱原）

資料，努力去分享以轉移家業的磨難，去釋放自我的身心壓力。吳靜怡一心把慈濟當作心靈的家，當作她的避風港。回想當初，先生的病況日益嚴重，她被迫提早退休，正是她更大災難的開始……

她三餐沒辦法正常煮食，先生把廚房當作戰地，忘記關火、險些釀成火災；先生也常亂花錢，買很多不需要的東西回家，二手車一臺一臺地買，甚至買了車、還要送給別人。兒子的病況也愈來愈明顯，她只能東藏西藏地閃避過日子；尤其兒子離婚之後，情緒起伏非常大，工作不順利，常常與人起衝突，訴訟不斷。

還好她靠著願力，咬著牙撐下去。有一天下著雨，她沒有地方可以躲，就跑到田裡面；師姊們去探望，看到她這麼辛苦，也忍不住哭了。師姊們都覺得她好可憐，她卻說自己已習慣了，有個地方躲就很好了。

吃苦了苦，苦盡福來。家人的狀況，讓吳靜怡感受到什麼叫作業力，她也願意逆來順受；她也感恩有慈濟事讓她投入、讓她忙碌，在成就感當中，得以慢慢地走出了人生的陰霾。

改變自己是自救，影響別人是救人。走入慈濟，在讀書會研讀佛法中，吳靜怡不斷地學習，讓她了解因緣果報，也學會面對自己的業力。

• 夜間環保 凝聚道心護大地

潮州鎮的慈濟靜思堂，於二〇〇九年十一月動土興建，二〇一一年十月啟用。靜思堂後面有約一百坪土地可做環保，因周遭有住家，為敦親睦鄰，環保站只回收塑膠袋及寶特瓶，整理裝袋完畢，隨即送往八老爺環保站堆放。

二〇一〇年，吳靜怡帶領潮州志工前往臺南內灣環保站參觀夜間環保。此後，為了讓白天上班的志工也能植福，並減低環保站的回收量，於是他們積極推動夜間環保，由慈誠隊長戴明安主責，夜間環保共運載十個定點的回收物，在每星期三的晚上，大家一起來共襄盛舉。

星期三晚上七點一到，戴明安就偕同葉俊銘、林德源、張麗春、王吉

在潮州文化節中，吳靜怡老師向民眾介紹各種資源回收的實物，讓民眾認識。（攝影／李岱原）

中、倪文仰、劉清俊……每兩人一組，開兩輛環保車，分兩路到潮州鎮上的回收點收回收物資。一個晚上每輛車大概需要來回兩趟，才能載完。

定點分類的夜間環保志工在晚上七點三十分開始陸續抵達，穿上圍裙、戴起手套，大家上工囉！志工有的黏紙箱，準備裝回收的紙類，備放大小的分類籃，分裝塑膠瓶、寶特瓶、鐵罐、鋁罐、玻璃瓶、雜鐵、硬膠類、三C電器、塑膠袋。

劉定彥、羅銘傑、張美華、邱

潮州鎮力行夜間環保，志工於潮州店家收取紙箱回收。（攝影／李岱原）

鳳英、潘雅鈴習慣做紙箱拆解裝箱；郭文英、蘇秀碧做玻璃分類；林端對、林穗容、陳淑珍、林麗珠、蔡宗記、宋銀對、余順進、李坤美、蘇金月、周秀玉、戴孜仔、郭淑味、郭雪珍、蕭金珠……做定點分類，將一袋袋載回來的回收物，分類裝入紙箱。遇到比較難認定的回收物，就會請教資深的志工蘇秀碧。

劉國閔的工作屬機動性，當回收紙裝滿時，志工就會大喊「師兄來踩一踩紙」，他總是很有技巧地來回踩，讓蓬鬆的紙變得紮實，這樣紙箱才能裝得更多。宋銀對也說，非常珍惜有環保可以做；環保讓她深深體會對物質的欲望、斷捨很重要，「欲」是個無底洞，要惜福，夠用就好，必須在「想要」與「需要」間找到平衡點。

戴明安亦有所領悟地說道：「事事以心寬念純的單純心去做，直心即是道場。」他在環保堅持二十多年，靠的就是一個「信」字。他說起有次回花蓮分享夜間環保經驗時，上人不只一次地鼓勵他：「對的事，做就對了。」他信守上人的叮嚀，將環保回收分類好，延續物命，提升資源再生利用的價值。

•做中學學中覺 耕福田發揮良能

葉峻銘是位電腦工程師，為人熱心又有愛心，且能文能武，是環保志工，也是親子成長班的隊輔、課輔班的輔導老師，更是潮州鎮不可或缺的錄影志工。他遇到來家裡載運回收物的戴明安後，在戴明安的邀約下參與社區環保，也因此與慈濟結下好緣。

親子成長班演出海洋環保劇，雖然社會進步讓我們生活便利，但也製造許多垃圾，被海洋生物誤食，無法消化，因而死亡。（攝影／郭雪珍）

葉峻銘回想，剛開始分類時，不是很了解回收的「眉角」，常丟錯分類位置，幸好透過志工耐心教導，才一點一滴地累積經驗，慢慢得以上手。他的工作主要是跟著環保車到各定點運載回收物，待志工分類好，再將回收物運載至八老爺環保站。

這些年來，他在運載過程中常看到滿多令人感佩的畫面。例如有好幾位七、八十歲的老菩薩，每週總是十分認真地整理好回收物，再熱情地交付，毅力可佩；也有年輕的小菩薩從幼稚園開始做環保，現在都已快國中畢業了。目前夜間環保站參與的菩薩，也從當初的個位數增加到三十多位，共同持續為地球環保盡一份心力。

環保不僅是在嘴上，更是在日常生活中的分分秒秒，身體力行；在做的過程中，我們不只學習到知識，更學習到人與人之間的應對進退。透過在做的過程中所接觸到的人事物，總讓人對於天地萬物有著更深的感恩、及惜福。

環保站即最佳聚樂部

潮州八老爺環保站

南臺灣天氣炎熱，民風淳樸，鄉民大都以農維生。老人家一生劬勞，在兒女長大成人後，卸下家庭責任，有人陷入空巢期，落寞無以適從；一九九〇年，證嚴上人鼓勵做環保護大地，秉性淳厚的老人家紛紛走動於村莊撿拾回收物，視為「拾福」。

慈濟在社區設立環保站，讓老人家可以在環保站付出，重新發現自己的生命價值；環保站不僅推動垃圾減量、環境美化，還兼具心靈教育的功效，是社區長者最佳的「聚」樂部。同時長者在環保站進行分類、拆解，還可活化大腦與手腳協調，進而延緩老化。

・積極推動環保教育幕後推手

慈濟宗教處環保組自二〇一一年起推動環保種子講師培訓，屏東合心環保幹事謝美玉心裡想，應該找教師聯誼會的老師來參加，因為他們是老師，上臺授課一定沒問題。於是謝美玉找了潮州國小吳靜怡等老師來培訓上課，無心插柳柳成蔭；在吳靜怡用心戮力下，竟然帶動起屏東環保的快速成長。

吳靜怡因為家庭因素，而把心力放在慈濟，尋求慰藉。她也是大愛媽媽進校園演說靜思語故事的負責窗口，在她取得環保種子講師資格後，就積極帶著

八老爺環保站是賴惠文毛遂自薦自家的空地而成立的，於二〇一二年啟用至今。（攝影／張玉蓮）

做環保後，賴惠文與先生許明聖有了共同的話題，感情相處融洽，懂得禮讓。（攝影／張玉蓮）

大愛媽媽走入校園宣導環保教育，另一方面又帶著學生到環保站體驗實作；學校很多老師看到大愛媽媽用心付出，也在教職退休後加入團隊，做有意義的事。

吳靜怡為了凝聚團隊士氣，陸續於社區環保站成立讀書會閱讀佛法，修心養性；諸多靜思語，大家琅琅上口，例如：看別人不順眼，是自己修養不足；未成佛前，要先結好人緣；天下米，一個人吃不完，天下事，一個人做不完；面對境界考驗要藉事練心，問問自己是否執念太重？看待事情是否輕安自在，看淡萬事與萬物。

因著讀書會，吸引了更多人加入，也因著吳靜怡的身行影響，大愛媽媽團隊中，陸續有人藉著自家空地成立小型環保站，落實社區環保，讓人人到環保道場，健康生活、豐富生命。就像原本好強的賴惠文，因為個性執著與家業困擾，來到讀書會學習，聽到吳靜怡不斷分享上人的法，讓她慢慢釋懷，用上人的法化解心中無明煩惱。

・因讀書會了悟因緣果報

賴惠文未進慈濟前，待人處事非常固執，總認為「理直要氣壯，得理不饒人」。

她先生欠下巨額債務，為了還債，惠文早上賣早餐，下午賣點心，忙到無法休息；她感覺生活讓她喘不過氣來，且心中有怨，總覺得先生對不起她。

債務讓她與先生感情不和睦，加上家業的紛擾，種種壓力造成她憂鬱

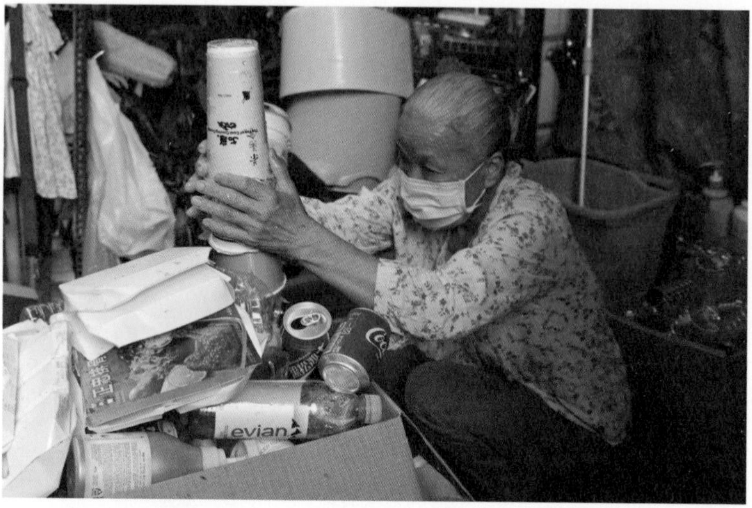

劉桂香因為家裡開雜貨店，就在自家做環保，鄰居看見她的付出，也會拿回收物來給她。（攝影／張玉蓮）

與躁鬱，即使安眠藥吃到高劑量仍無法入眠，也曾憤而離家想要逃避一切，人生感到無比茫然。在二〇〇四年，她看到慈濟正推動「造血幹細胞捐贈及募款」，覺得很有意義，就驗血建檔，並加入慈濟會員，捐款助人。

因緣際會下，賴惠文參加了大愛媽媽讀書會，那時心情不佳的她，只想找一個心靈的依靠，而餉潭的潘彩月就像大姊姊般地關懷她，讓她感覺溫暖。

賴惠文也參與社區訪視，從個案中她警覺夫妻要彼此信任與關懷；如同上人所說，缺角的杯子，若不去看那個缺角，整個杯口就都是圓的，她改變過去的執著，多看先生的好，不再看他的缺點，夫妻感情也愈來愈和諧。

賴惠文打開心門後，從上人的法中體悟「理直氣要和，得理要饒人」，了悟待人處事都要以和為貴，少說多做，由此她從付出中結了許多好緣。

她從佛法領悟因緣果報，先生的債務是她人生的考驗，或許是她過去生有欠先生，甘願還打八折；不甘願還加利息，賴惠文接受事實，去除煩惱無明，心鏡漸漸清明。善善循環，她的先生許明聖也加入環保，是她最高興的事。

‧捐地成立環保站　成就善念

回顧潮州的環保溯源，始於一九八九年；劉桂香家裡開雜貨店，有許多紙箱可回收，她在自家設立回收點，因為她與鄰居互動良好，鄰居也會拿來給她。

由於沒有固定的環保站，加上二〇一一年潮州聯絡處成立了環保站，本來的環保回收點就零零落落了，再加上因潮州聯絡處附近住戶抗議敲打聲影響住家安寧，組隊就想另找場所，進行拆解回收物及堆置寶特瓶。

賴惠文知道組隊急著找環保地，就毛遂自薦家有空地，空地旁是大理石工廠，剛好沒有住戶鄰居。

經過潮州組隊共識後承租該空地，成立八老爺環保站，從二〇一二年承租到如今。潮州聯絡處的環保站以寶特瓶及塑膠袋分類為主，分類後，志工再載運至八老爺環保站堆放，需要拆解的回收物也統一在八老爺環保站進行。

現在雖然賴惠文還要忙於生意，但也把握時間，有空檔就去做環保；「少說，多做，多付出就是福」她盤點過去，感恩人生遇慈濟，又遇到上人，她永生感恩。

‧轉迷為悟 投身環保貢獻良能

「這個頭，如果沒有敲掉，就當鐵賣，一公斤十元；把頭敲掉，剩下的就是鋁，一公斤可以賣三十元。」

八老爺環保站范發勇站長一手拿著美髮定型液空瓶，一手舉著鐵錐使勁用力敲，一下、二下、三下，才把瓶蓋頭敲下來，他的額頭已滲透出汗水。

以廢棄電風扇來說，一臺只能賣五十元，但若拆解成硬膠、廢鐵、銅，賣的價格就差很多，像是銅價一公斤從二百一十元起跳。范發勇對於回收物的分類斤斤計較，不同物品賣的價格不同，他捨不得貴物低賣，即使做到肩膀痠痛、手舉不起來，他還是甘願做，對環保盡心盡力，毫無怨言。

七十多歲的范發勇，於二〇〇五年自鐵路局退休。當時六合彩很風行范發勇退休後閒來無事就想簽簽看，看有沒有運氣能贏錢；他不抽菸、不喝酒，以前從加班津貼累積的積蓄，全成了他簽六合彩的賭金。自從范發勇簽六合彩後，他也會去買六合彩的報紙，研究如何算明牌。

太太陳桂梅看在眼裡，就會嘮叨幾句，自覺理虧的范發勇，也不會與她爭吵，「那時我只是覺得，動動腦可以防止老年癡呆，我也曾贏了十幾萬，贏了就會想要贏得更多……」范發勇不斷投注的結果，最後就是把曾經贏到的錢又都輸掉了。

他女兒看在眼裡，鼓勵范發勇做環保。他到環保站參觀時，遇到好幾位鄰居，就在大家的熱情邀約下，開始做環

范發勇即使做到肩膀痠痛、手舉不起來，他還是甘願做，對環保盡心盡力，毫無怨言。（攝影／張玉蓮）

保。

「聽上人的開示，可能我們前輩子沒有積什麼福；也可能這不是我們的錢。這樣想，就不會再妄想了。」

聽上人說故事，范發勇得到啟示，做善事有護法神保護。他自己親身的體會是，有兩次轎車和貨車從後面直衝過來撞他，他竟然安然無恙；另有一次他跌倒，當時離頭部不遠處，有一條直立鐵條差點插入他的眼睛，當時真的嚇破膽了。

奇妙的事還有很多！平時范發勇的太太陳桂梅除了做環保外，也會到寺廟做志工；有一天，她拉著范發勇去請寺廟的住持法師為他收驚改運，住持法師卻告訴陳桂梅：「師兄身邊有很多護法神，請不用憂慮。」范發勇聽到這番話，更堅定了慈善的心念。

范發勇把環保站當作家，心心念念都是慈濟事；他兒子做挖土機的工作，回收物也都捐給慈濟。孩子事業順遂，范發勇很感恩，覺得是他的福報；加上以前退休生活無聊、沒目標，自承擔環保站長後，讓他深感做環保沒煩惱，利益眾生很歡喜。

‧盤點生命價值 慈善助人最歡喜

楊麗珍很早就接觸慈濟，但遲遲不接受培訓，直到二〇一一年看完「慈悲三昧水懺演繹」，才積極培訓受證委員。

剛開始她都做醫院志工，看盡人間生老病死，心裡特別有感受。楊麗珍的先生也是環保志工，車禍過後平衡感不佳，造成身體退化；為了照顧先生，楊麗珍減少參與醫院志工的時間，若有空檔，她就到環保站來做環保。

楊麗珍看到一個現象，若是志工沒出車載回收，這些配合已久的環保點，很容易又堆積大量垃圾。為了解決這問題，楊麗珍勇於承擔去社區載運回收物，並找了潘雅鈴一起搭檔。潘雅鈴無家業罣礙，每天只上半天班，覺得時間可以配合就歡喜接受，她說，這是弟子應盡的本分事。

二人不約而同都提到，她們也深受潮州環保第一人——劉桂香的精神感召。

她們讚歎說，劉桂香每天都推著推車到鎮上撿拾回收物，其實對她而言並不容易；劉桂香年輕時因為顧雜貨店，還要照顧婆婆，長期睡眠不足而罹患暈眩症，有時看到她站不穩，人們就會伸手去扶持她。看到這樣的她堅持做回收，又將回收物整理得井然有序，每一袋裝得扎實，回收量也是社區回收之冠，這樣的精神與毅力，真是讓人感動。

劉桂香說：「可回收的物品就這樣

楊麗珍（右一）與潘雅鈴結伴到社區收回收，培養出好感情、好默契，歡喜付出。（攝影／張玉蓮）

丟掉、燒掉很可惜，我們是上人的弟子，要用心，做我們該做的。」堅持一念心，劉桂香這個點日復一日「做該做的事」，至今已經三十三年了。

為了愛物惜物，劉桂香看到路邊有回收物，都會撿回來整理，有時其中有一大半都是垃圾，她也會清洗乾淨再丟掉。楊麗珍感動於劉桂香的堅持，認為她是值得後輩學習的典範；她也體會到「能做就是福」，感恩上人舖平人間菩薩道，時時警惕自己要緊跟上人，一心一志，發願做到人生最後一刻。

一個人走得快，一群人走得遠。女性志工大都經過家庭與生活的歷練，堅毅韌性；走入慈濟，在上人智慧啟發下，個個發揮潛能，造就非凡生命價值。

回顧屏東環保歷史，因謝美玉單純心念，找來吳靜怡等一群老師，運用專業群策群力，戮力環保教育，致使小型環保站應運而生，在各自社區發揮影響力，招呼社區會眾，共善造福。

輔具重生 傳遞愛與幸福

萬巒佳佐環保站

在早期，萬巒鄉佳佐村並沒有環保站。因此。竹田環保站的站長徐鳳英經常到萬巒來載運回收物，因而認識鄭貴香。在徐鳳英的用心陪伴與鼓勵下，鄭貴香勇敢承擔萬巒佳佐環保站長一職，延續環保愛地球的使命。

臺灣邁入高齡社會，相對失能的長輩也增多，於是為減輕照顧者的負擔，慈濟屏東輔具平台因而成立。屏東合心環保幹事謝美玉表示，大部分不再被使用到的電動病床等輔具，大都被送進回收廠拆解，造成資源浪費；因此輔具平臺集合回收的電動病床、氣墊床、輪椅、助行器等輔具，經過消毒、保養維修，並做檢測以確保輔具安全可用，再提供給需要的民眾，讓愛延續。

・金門官員訪環保站了解資源回收

十幾年前，鄭貴香在家做文具品代工，因此有一些紙盒回收物，都是由竹田的徐鳳英來載運；後來兩人日漸熟悉，鄭貴香也做了徐鳳英的會員繳交功德款，再過不久，徐鳳英就邀約鄭貴香一起加入環保回收。

二〇〇九年，在臺北「松山環保站」做環保已十多年的志工張欝，在臺北松山環保站做環保已十多年，回萬巒

二〇一三年起，佳佐環保站代表萬巒鄉參加全國環保評比，持續三年獲獎。（攝影／陳麗英）

佳佐定居，就在住家旁空地龍眼樹下做回收；鄭貴香總去她那裡載運回收，每次都載得滿滿的。

張薷的親戚陳宗成回萬巒省親，看到張薷克難做慈濟，就把老家一百坪空地作為環保站。鄭貴香則與先生李國男製作月餅義賣，籌措金額搭建鐵皮屋，於二〇一〇年成立佳佐環保站，由鄭貴香擔任站長。

佳佐環保站代表萬巒鄉參加全國環保評比，維持三年連續獲獎，這樣的殊榮，讓金門環保局於二〇一三年組團前來參訪。當時整齊擺放在架上的醫療器材，格外引起參訪人員注目，也讓參訪

寶特瓶占回收最大量，志工專注地剔除瓶蓋環。（攝影／陳麗英）

來賓了解環保與生活息息相關。

「這些回收回來的輪椅，等到社區民眾有需用時，我們就可以借給他們免費使用，延續物命。」鄭貴香介紹著。

萬巒鄉清潔隊長曾茂榮隨同陪伴，他也指出：「垃圾分類當然是生活的一部分，這樣的推廣概念，非常符合我們垃圾減量、資源回收的工作推廣。」

•環保輔具平臺綿密網絡 蘊含愛與祝福

屏東輔具平台，目前的運作區域有屏東分會、恒春環保站、潮州聯落處及東港聯絡處等地，除了整合資源互相支援，更要編織綿密的互助網絡一旦有需求，未來就可以彼此跨區來支援。而平常只要有機構或民眾汰換下來的二手輔具，志工一接到通知，也會趕緊載回維修整理，希望延續物命，並且幫助到有需要的家庭。

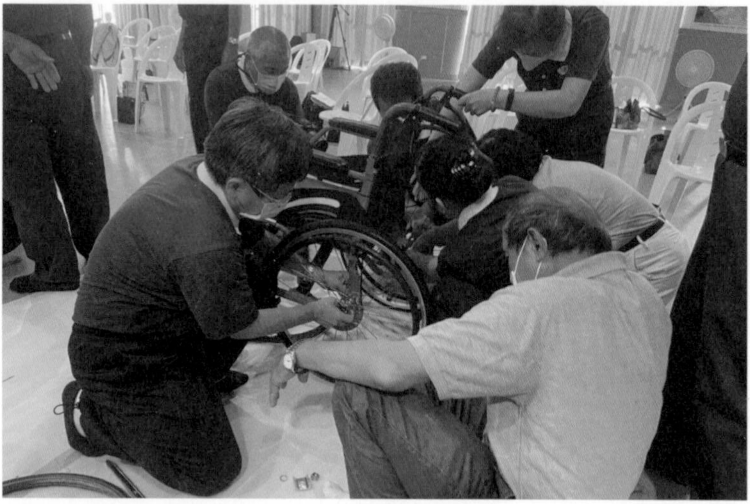

屏東舉辦輔具維修研習，講師正在示範輪椅的拆解順序。（攝影／曾彥儒）

生命的存續，有時就在呼吸的瞬間；志工同理輔具申請者的心急，總是盡力讓患者返家後能安心休養。

因為疫情嚴重，有位民眾的父親確診急需輔具製氧機，於是急向慈濟求援。他說：「因為父親的狀況是突發性的，醫生建議需要戴著氧氣製造機，這樣爸爸在生活照顧與恢復上會非常有幫助，也很感謝慈濟有這個設備，能夠及時提供給我們家屬使用。」

為了讓弱勢或有需要輔具都能得到幫助，屏東輔具團隊來者不拒。屏東合心環保幹事謝美玉說：「輪椅最大的問題是輪胎壞掉，就算真的想花錢去修輪椅，也不知道在哪邊修，透過我們來此學習輔具維修，以後回歸到社區環保站，一看到輪椅壞掉，大家就可以修理了。」

「師兄，你這樣敲，兩邊就植入了嗎？」

在輔具研習現場，二位師姊幫忙扶住輪椅兩端，一位師兄正拿著鐵鎚「叩！叩！叩！」地敲打，橡膠皮就順順地滑進輪椅的溝槽。在慈濟有流傳一句話：「男人當超人用，女人當男人用。」輔具研習會上同樣女性比男性多，還真應驗了這句話。

站在輔具使用者的立場考量，志工這分專業技能的學習，不僅做到物命延續，也大大減輕了清寒病患的經濟負擔。

謝美玉再次指出：「希望藉由我們惜物的愛心，讓這二手輔具得以延續生命，繼續幫助社區裡有需要的家庭。」環保輔具在志工的巧手下重獲新生，再無償地送到有需要的地方，每一件輔具背後，蘊含著無盡的愛與祝福。

‧在環保站展現良能 盤點生命步步踏實

做環保，是讓劉惠春感到最快樂的事。以前只要跟先生吵架了，她就會跑到環保站整理回收物，心就平靜下來了。她說聽上人的開示最是歡喜，聽起來心情好，自然心就清淨，沒有煩惱。

劉惠春家中經營機車行，許多零件拆下來後有回收物，佳佐環保站長鄭貴香常會過來載運，兩人因而熟識。在鄭貴香的鼓勵下，劉惠春於二〇一四年報名培訓志工；在一次培訓課中，她聽到臺北資深環保志工陳阿桃分享自己如何從「苦桃變甜桃」的生命故事，也激勵了劉惠春，從個人的小家走向慈濟的大家。

二〇一六年，鄭貴香因年歲已大，加上要幫忙帶孫子，就把環保站的重任交給劉惠春；劉惠春當時不到五十歲，體恤鄭貴香的辛勞，亦勇於承擔。

不僅承擔站長重任，劉惠春會特別關懷環保志工的心理狀態，常陪著

環保站有空間可以放輔具，也有環保車可隨時載運輔具。（攝影／曾彥儒）

志工聊心、談心。對方一次沒來做環保，她就會留意；二次沒來，她就會去關懷，了解對方沒來做環保的原因，是因為家庭生活狀況出現變化、還是因為年紀大了、身體健康不佳等因素，她都會主動關心或提供協助。

這樣溫馨有情的環保站，讓志工們相互關懷，成為彼此的倚靠。

「塑膠袋不管是多髒都會撿起來，我負責洗就對了。我洗一洗後就像這樣剪一剪，晾的時候才會乾，如果沒剪開的話，裡面不會乾。」劉惠春對於塑膠袋清理經驗老到，愛惜地球，把環保站當作修行的道場。

站長劉惠春家經營機車行，耳濡目染下習得拆解技術，不易拆解的物品都由她來處理。（攝影／陳麗英）

她從做環保中體會良多，先生看到她的改變，也會幫忙做，像回收來的電風扇，經他修理過就可以用。她常看見先生在修理機車，對基本的維修常識也略懂，因此志工無法拆解的，就由劉惠春來善後，再不懂就會請先生出馬修繕；能用的東西要延長物命，確定無法修繕才拆解掉。

此外，劉惠春也設置惜福筒，讓有意願的人投錢做愛心。

一九九〇年證嚴上人呼籲垃圾減量、資源回收；環保志工，不分年齡、階層、背景，人人視街頭為修行道場，不畏髒亂、不辭辛勞，低頭彎腰，為地球環境而無私付出，是責任也是使命。劉惠春等人透過薰法香了解佛法，做環保分秒不空過，透過身體力行，找到自我人生的意義。

後記

以愛與陪伴成就環保志業

撰文◎黃湘卉

去年，編完《嘉家有本環保經》後，信心大增，深深期許自己能善用自己的良能，去為慈濟這一群年紀雖大、但還是很用「力」，以心力、體力、智慧力造福社會的環保志工，留下見證歷史的足跡。

去年因緣落在屏東。文史處決定整理屏東區的環保資料。我花了一個多月的時間，仔細閱讀了屏東環保三十的檔案，並整理出各環保站的溯源歷史、人物故事、及環保站的特色，以這三大主軸為方向，預備與屏東區人文真善美志工分享，齊心來完成這一本屬於屏東的「環保教育專書」。

・計畫趕不上變化

與屏東人文真善美「功能合心幹事」陳麗英師姊聯繫後，她坦言屏東文字志工少，但她非常希望藉由這一次合作，讓屏東的人文真善美志工累積經驗，藉由這次觀摩、學習的機會，下次就有能力承擔任務。聽到麗英師姊的企盼，我心想「未成佛前，先結好人緣」，若因此能帶動屏東文字志工的熱忱，那也是美事一樁。

然而五月底，臺灣防疫規定更嚴格了，因為疫情的關係，我也不方便到屏東實地訪看環保站，僅能每天打開「大愛電視」，讓它的影像、聲音彌補我對屏東地區的陌生感。

我靜靜地爬梳了屏東「環保三十」檔案，一個一個感人的故事躍然於眼前。我發現環保站是一股守護力量，讓我由衷敬佩人性的單純與善良。有一群完成家庭責任，本該享清福的人，因「要活就要動」的信念，走入社區環保站，不怕髒不怕臭，默默付出再造物命。

就如，烏龍環保站的洪正雄，新園環保站的許伯仲，東港聯絡處環保站的蘇榮仁，八老爺環保站的范發勇，自職場退休下來就走入環保站，承擔最艱難的工作，拆解電器、電用產品、腳踏車等，再續物命；而環保站同時也發揮了社區道場的功能，

特教生官佳仙在環保站受到志工的鼓勵與愛護，完成屏東農工的學業，畢業後，也找到一份固定的工作，可以照顧家庭。為了報答志工的恩情，他不僅報名參加環保志工的培訓，現在也受證了。

・用生命做慈濟 留下慈善足跡

上人開示：「慈濟歷史，是由每一位志工的人生歷史構成的，慈濟大藏經就是一部做出來的大藏經。」上人期勉慈濟文史不能流失，這些志工的行跡，也要留下紀錄。

出版是為慈濟留史，要對得起這五十多年來用生命做慈濟的慈濟人。即使許多資深慈濟人已經不在了，也要對他們的後代子孫有所交代。

我很開心有這個福報，在這個過程中，也體會到自己還有很大的學習空間。誠摯感恩屏東環保志工布施自己的故事，也感恩屏東人文真善美志工的全力協助，讓這本書的初稿順利完成，感恩後端編輯團隊的信任及全力協助出版事宜。

願本書讓有緣者看到人的善良及韌性，看見人與人之間最真誠的愛。

一九九〇

- 八月二十三日，證嚴上人應吳尊賢文教公益基金會之邀，在臺中市新民商工演講；上人呼籲「用鼓掌的雙手做環保」，慈濟志工起而行動，自宅變資源回收站，進而影響社區。

一九九一

- 三月與金車教育基金會合作舉辦「預約人間淨土」活動，帶動淨化人心、家庭、社會省思風潮。
- 慈濟護專展開各項環保工作，推行校內垃圾分類。
- 花蓮慈濟醫院環保社成立，推行環保活動。

一九九二

- 三月第二波「預約人間淨土」宗旨在落實全民綠化工作，永留子孫自然空間；推廣環保護生觀念，珍惜地球萬物資源，實踐「生活的淨土」。
- 花蓮慈濟醫院員工餐廳響應環保，全面停用紙製餐具，推行自備餐具運動。

一九九三

- 屏東於一九九三年五月三十日，在文化中心舉辦第一次大型環保回收茶會。
- 車城環保站成立。
- 枋寮環保站成立，一直到二〇〇七年才有鐵皮屋。

一九九四

- 全面推動環保餐具的使用，呼籲自備環保碗、筷、杯。

一九九六

- 七八月之交的賀伯風災重襲臺灣，賀伯颱風凸顯土地濫墾危脆、證嚴上人呼籲志工，落實「社區志工」、推動社區關懷。
- 鹽埔環保站成立，直到二〇一六年宗教處協助搭建鐵皮屋。

一九九七

- 首次全臺環保志工前往花蓮靜思精舍展開「尋根之旅」。

一九九八

- 「大愛電視臺」成立，倡導美善人生、環保理念。
- 林邊環保站成立，二〇一六年成立「樂齡學堂」。

一九九九

- 九二一地震希望工程鋪設能透水、透氣的連鎖磚，讓大地呼吸。
- 竹田環保站成立，一直到二〇〇四年才有鐵皮屋。

二〇〇一

- 賑災兼顧環保，慈濟急難救助全面採用環保餐盒。

二〇〇三

- 慈濟人道援助會成立，著力賑災與環保再生理念的物資研發。
- SARS傳染病流行，慈濟基金會推動齋戒、茹素護生。
- 三月新園環保站成立。
- 三月內埔環保站成立。

二〇〇四

- 十一月十四日高樹環保站成立。

二〇〇五

- 美國慈濟總會應邀參與聯合國世界環保日活動，於開幕典禮中致詞，分享慈濟環保理念。
- 慈濟基金會推廣「環保五化」：年輕化、生活化、知識化、家庭化、心靈化。

二〇〇五

- 四月東港烏龍環保站成立。

二〇〇六

- 慈濟國際人道援助會研發環保毛毯，以回收寶特瓶塑膠熱熔紡絲製作毛毯，實現物資再利用，有效支援人道援助。
- 四月佳冬環保站成立，二〇一五年十一月成立「「樂齡學堂」。
- 十二月三十一日九如環保站成立。

二〇〇七

- 慈濟基金會推動「克己復禮、全民減碳」，呼籲以克己私欲節制資源浪費，減少污染。
- 六月三十日恆春環保站成立。
- 十一月屏東環保站成立。

二〇〇八

- 大愛感恩科技公司成立，以回收寶特瓶紡紗製造成衣，實踐環保零廢、循環經濟。
- 全球糧荒、金融危機，籲眾惜糧，回歸清平生活（克勤克儉、節能減碳）。
- 十二月二十七日鹽埔新圍環保站（聯絡處）成立。

二〇〇九

- 莫拉克風災，呼籲讓山林安養生息。
- 屏東沿海鄉鎮於八月八日經過一夜風雨肆虐，水淹一層樓高，以佳冬、萬丹、林邊、枋寮等鄉鎮更為嚴重，居民都跑到屋頂等待救援，災民吃到的第一餐熱食，是由慈濟提供的，特別感動。

二〇一〇

- 慈濟推動環保二十年——提倡民眾一同「清淨在源頭、環保精質化」。
- 佳佐環保站成立。

二〇一一

- 「慈濟環境教育師資培育計畫」啟動，培育環保教育種子講師，落實社區環境教育的推廣。

二〇一二

- 餉潭環保站成立，直到二〇一四年才有鐵皮屋。
- 十一月潮州聯絡處環保站成立，二〇一六年十月八日成立長照C據點。
- 大愛感恩科技取得「搖籃到搖籃」銀級認證。
- 證嚴上人提倡「八分飽兩分助人好」理念，慈濟推零廚餘運動。
- 七月一日潮州八老爺環保站成立。

二〇一三

- 慈濟基金會首次參加聯合國氣候變遷會議。

二〇一四

- 三月與屏東市公所創下政府公部門與民間非營利組織、個體資源回收者合作「定時定點資源回收」的環保紀錄。
- 琉球菩提林環保站成立。
- 十一月泗林環保站成立。

二〇一五

- 巴黎聯合國氣候峰會辦記者會，推廣慈濟環保理念，峰會見聞，讓上人慨歎面對全球暖化危機，大家僅有「共知、共識」，仍無法做到「共行」。

二〇一六

- 十二月三十一日東港聯絡處環保站成立。

二〇一七

- 十一月大愛環保科技館在高雄岡山園區成立，是慈濟第一個環保回收科技展示區，館內的小型機具，能把寶特瓶回收後打成瓶片、做成酯粒、抽成絲紡成紗的過程，具體而微地展現出來。
- 五月十四日里港環保站成立。

二〇一八

- 慈濟基金會在八月成立「慈濟長照推展中心」，民眾只要透過慈濟基金會的長照專線，或政府長照中心轉介，就能接受完整的長照服務。

二〇一九

- 取得聯合國環境署非政府組織觀察員身份。
- 首次出席聯合國環境大會。
- 與「國家災害防救科技中心」，簽訂「災防科技合作協議」。
- 與中央氣象局簽署「防賑災氣象運用及教育推廣合作」備忘錄。
- 苗栗慈濟園區啟用全臺第一個「慈濟防備災教育中心」。
- 三月東非三國遭伊代氣旋重創，高雄志工三天內趕製了兩千條環保毛毯；加上原先庫存，共計一萬兩千六百條，以資源再生支援人道救助，送赴非洲賑災。
- 三月慈濟基金會宗教處精實企劃室環保推展組，著手將原本環保站內紙本的血壓量測資料數位化。
- 四月四日萬丹新鐘環保站成立。

二〇二〇

- 高雄慈濟靜思堂獲得行政院環保署「環境教育設施場所」認證的慈濟志業場域，一月三日揭牌。

- 與水利署簽署「災害防救研發應用」合作備忘錄。
- 慈濟基金會環保三十週年系列活動，特與大愛感恩科技公司合作打造「行動環保教育車」首站前往嘉義市，展開全臺巡迴教育展覽活動。
- 與行政院環保署簽署合作備忘錄，共同向社會大眾推廣「清淨在源頭簡約好生活」的環保理念。
- 新冠病毒全球擴散，證嚴上人呼籲以虔誠茹素，遠離災疫。
- 慈濟人醫會與各縣市衛生局社區營養推廣中心營養師，從疾病管理出發，透過推廣均衡飲食及規律運動，讓慈濟環保教育站除了愛護地球，更兼具照顧志工的功能。

二〇二二

- 慈濟基金會為全面提升全臺慈濟環保教育站、環保站的日常安全，自二〇二〇年起啟動電氣線路檢修專案，其間受新冠肺炎疫情影響，進度略緩，迄今共完成一百二十六站施工；另由志工自行修繕有六十三站。
- 慈濟澳洲柏斯聯絡處、墨爾本聯絡處響應「澳洲清潔日（Clean up Australia Day）」，分別於柏斯北橋區（Northbridge）、墨爾本市區進行掃街活動，約一百五十人參加。

二〇二三

- 慈濟基金會榮獲第二屆「TSAA 臺灣永續行動獎」三項獎項，分別以環保志業行動獲得「SDG3 健康與福址—— NGO 銀獎」，以青年公益慈善行動獲得「SDG8 就業與經濟成長—— NGO 金獎」，及以防災永續與合作共善獲得「SDG9 工業、創新基礎建設—— NGO 金獎」，由執行長顏博文代表領獎。
- 行政院環保署頒發第八屆國家環境教育獎，慈濟大學附屬高級中學榮獲學校組優等，是日於臺北花園大酒店舉行頒獎典禮。

屏安心 環保經
屏東慈濟環保教育站的故事

作　　者／屏東人文真善美志工
作 者 名 錄／林端對、張玉蓮、陳美蓮、陳妍蓁、陳麗英、蔡藜旭
策 畫 指 導／顏博文（慈濟慈善基金會執行長）
總　策　畫／何日生（慈濟慈善基金會副執行長）
企　　畫／賴睿伶（慈濟慈善基金會文史處）
協 力 作 者／黃湘卉、吳永佳
責 任 編 輯／吳永佳、王藝婷
美 術 編 輯／申朗創意
企畫選書人／賈俊國

總　編　輯／賈俊國
副 總 編 輯／蘇士尹
編　　輯／高懿萩
行 銷 企 畫／張莉滎．蕭羽猜、黃欣

發　行　人／何飛鵬
法 律 顧 問／元禾法律事務所王子文律師
出　　版／布克文化出版事業部
台北市中山區民生東路二段 141 號 8 樓
電話：(02)2500-7008 傳真：(02)2502-7676
Email：sbooker.service@cite.com.tw
發　　行／英屬蓋曼群島商家庭傳媒股份有限公司城邦分公司
台北市中山區民生東路二段 141 號 2 樓
書虫客服服務專線：(02)2500-7718；2500-7719
24 小時傳真專線：(02)2500-1990；2500-1991
劃撥帳號：19863813；戶名：書虫股份有限公司
讀者服務信箱：service@readingclub.com.tw
香港發行所／城邦（香港）出版集團有限公司
香港灣仔駱克道 193 號東超商業中心 1 樓
電話：+852-2508-6231　　傳真：+852-2578-9337
Email：hkcite@biznetvigator.com
馬新發行所／城邦（馬新）出版集團 Cité (M) Sdn. Bhd.
41, Jalan Radin Anum, Bandar Baru Sri Petaling,
57000 Kuala Lumpur, Malaysia
電話：+603- 9057-8822　　傳真：+603- 9057-6622
Email：cite@cite.com.my
印　　刷／韋懋實業有限公司
初　　版／2023 年 3 月
定　　價／450 元
I S B N／978-626-7256-30-5
E I S B N／978-626-7256-29-9（EPUB）

城邦讀書花園　布克文化
www.cite.com.tw　WWW.SBOOKER.COM.TW